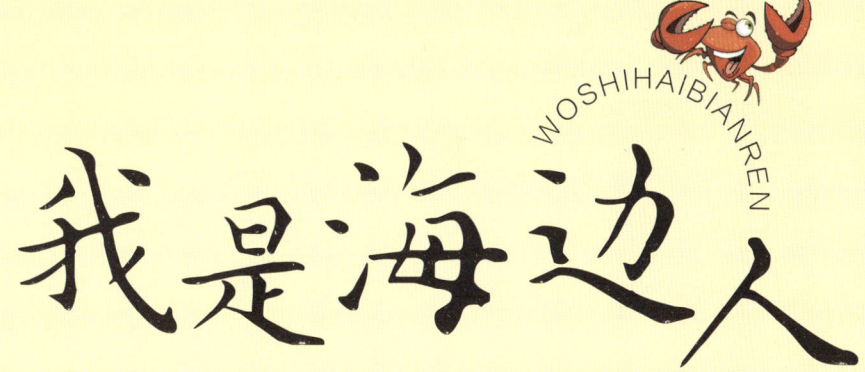

WOSHIHAIBIANREN

我是海边人

项目式学习活动手册

陈霞 编著

低年级

中国海洋大学出版社

·青岛·

图书在版编目（CIP）数据

我是海边人.1,项目式学习活动手册 低年级 / 陈
霞编著.—青岛：中国海洋大学出版社，2021.11
　　ISBN 978-7-5670-3021-3

　　Ⅰ.①我… Ⅱ.①陈… Ⅲ.①海洋学—小学—教学参
考资料 Ⅳ.①G624.453

　　中国版本图书馆CIP数据核字（2021）第242363号

出版发行	中国海洋大学出版社		
社　　址	青岛市香港东路23号	**邮政编码**	266071
出 版 人	刘文菁		
网　　址	http://pub.ouc.edu.cn		
电子信箱	502169838@qq.com		
订购电话	0532-82032573（传真）		
责任编辑	由元春	**电　　话**	15092283771
印　　制	青岛国彩印刷股份有限公司		
版　　次	2023年2月第1版		
印　　次	2023年2月第1次印刷		
成品尺寸	185mm×225mm		
总 印 张	11.25		
总 字 数	180千		
印　　数	1~1000		
总 定 价	98.00元		

（全三册）

前　言

　　"我是海边人"是青岛金门路小学于2017年10月启动的一个有关海洋学习的活动主题。我们之所以采用这个主题，是因为这个主题透着一种青岛人作为海边人的自豪感。

　　是的，青岛人的性格总是与大海联系在一起，诸如博大、包容、坚毅、开放等。那么，如何把这种性格品质传承下去？这是我们生活在海边的基层教育工作者必须要思考的问题。因为我们清楚，虽然我们的学生从小就生活在海边，从小身上就带有一种"海腥"的味道，但对于生活中"原生色"的海，他们也许不是那么熟悉和真正了解。

　　生活在青岛的人不一定是真正的海边人。真正的海边人至少要有这样的特质：

　　1.应知海。作为一名海边人，如果不能随口说出几样海菜，不能脱口而出几种海鱼，不能一眼认出几种贝类，不能清楚记得赶海的日子等，那怎能称为"海边人"？

　　2.乐探海。我们常说"知之深则爱之切"，不探就不知。作为海边人一定要对大海充满好奇，喜欢探索大海的奥秘，喜欢研究"鹦鹉螺"号潜水艇，喜欢追随"大洋一"号的旅程，喜欢跟随"蛟龙"号沉潜，喜欢研究海

洋军事……总之，大海给了我们美丽的憧憬和无限的向往。

3. 要亲海。海是大自然馈送给青岛最珍贵的礼物。海让整个城市弥漫着"海的味道"，各种海鲜，已成为海边人舌尖上的常客，成为招待远方朋友的惯用美食，成为海边人餐桌上离不开的食物。其实，青岛人的亲海还表现在驰名中外的大品牌都以"海"字当头，如海信、海尔；大的国有企业名称都带有"海"字，如海润自来水集团、海丰国际航运集团，就连海牛足球队都少不了一个"海"字。

4. 善学海。海一直熏染着傍海而居的青岛人。你会发现真正的海边人，举手投足之间都诠释着正义、豪放、包容、坚韧、拼搏……真正的海边人其实已与海融为一体了，他们的骨子里镌刻着深深的"海"字。

5. 能强海。作为海边人必须有强海的意识。我们知道"海洋是高质量发展战略高地"，作为海边人从小就要种下强海的梦想，学会保护海、开发海、利用海，让强海梦掷地有声。

那么，如何擦亮孩子们身上这些海边人的特质？毋庸置疑，抵达目标的途径有很多，但是我们选择了以问题驱动教学法的研究为载体，来推进孩子们的成长。之所以选择这种学习方式，是因为解决问题的能力是学生基于当下、适应未来发展的最重要的能力。我们期望学生们能在真实问题的解决中，激发探究的兴趣，强壮"思考肌"，提高自己解决问题的能力，拥有海的美好品质。同时，青岛市金门路小学的办学理念就是"致良知，爱世界"，倡导孩子们在知行合一的实践中热爱海洋，热爱家乡。

《我是海边人》项目式学习活动手册根据学生年龄特点分为低、中、高三册，每册包含八个探究主题。每个项目活动通过不同的情境创设，引导学生提出问题：基于研究的问题，学生依据自己的判断，进行大胆的猜想

与假设；随后学生根据问题的研究方向分组并制订计划；然后借助"查一查""找一找""画一画""做一做""议一议""访一访"等不同的参与和实践方式，解决真实世界的问题；最后进行评价。在问题的解决中，学生会涉猎海洋生物、海洋现象、海洋历史、海洋文学、海洋战争、海洋经济等多方面的学习内容；在问题的解决中，学生会把各学科学到的知识、技能、方法、策略迁移应用到探究学习中；在问题的解决中，学生们会了解城市的非物质文化遗产，了解城市的文化风俗；在问题的解决中，学生们会学会独立担当与团队合作。孩子们在项目的实施过程中，总是会遇到或多或少的困难，但是我们相信这些困难都会在孩子们的坚持、努力、开放、合作中迎刃而解。

《我是海边人》项目式学习活动手册，是青岛金门路小学在海洋教育中的一次主动而大胆的实践探索。之所以主动探索，那是源于我们对海洋、对家乡的热爱，源于我们对孩子们的爱、对教育的爱；因为爱，所以内生了许多的力量和胆气。我们知道它并不完美，但是我们相信它可以在实践中走向完美。期望我们在一次次的践行中、一次次的思考中，让魅力之蓝融化在骨子里、血液中，成为有深意的、真正的海边人。

目录
CONTENTS

第1课
给"鸥"遇找出理由

学习目标

1.通过实地观看或欣赏图片，感受青岛冬日海岸边群鸥飞翔的美景，从而产生对家乡的热爱之情。

2.通过实地观察、查阅资料、访问等方式认识海鸥，了解来青过冬的海鸥的种类，探究它们喜欢在青岛过冬的原因。

初识海鸥

◇**说一说，写一写**

同学们，你见过图上美丽的风景吗？是在哪里见到的？你知道在海面上上下翻飞的鸟儿叫什么吗？

地点：_____ 鸟的名字：_____ 来这里的季节：_____

让我们与美丽的海鸥来一次亲密接触吧！

◇ 问一问，查一查

进入冬季，青岛美丽的前海一线又多了那些洁白的身影。它们飞越千山万水，来到美丽的青岛，与市民和游客嬉戏，它们就是青岛海边成群结队的海鸥。海鸥是一种什么样的鸟儿呢？

　　海鸥是最常见的海鸟。它是一种中等体型的海鸟，体长一般38~44厘米，翅膀展开时106~125厘米，体重300~500克，寿命约24年。海鸥身姿健美，惹人喜爱，其身体下部的羽毛就像雪一样晶莹洁白。

　　海鸥是动物王国中一种非常强健的飞禽。它的叫声优美、嘹亮，目光犀利、敏锐，飞行起来潇洒、自如。目前全世界的海鸥大约有100种，其中以银白色和灰色海鸥居多。

读了小资料，说说你知道了什么。

_____

_____

_____

_____

_____

◇问一问，说一说

你见过的海鸥身体、翅膀、头部是什么样子呢？

合作探究 ·····················○

◇看一看，查一查

在青岛过冬的海鸥都有哪几种呢？

_____

_____

_____

◇议一议，说一说

_____鸥，它的特点是：_____。

_____鸥，它的特点是：_____。

_____鸥，它的特点是：_____。

给"鸥"遇找出理由

◇读一读，思一思

青岛的海鸥是从哪儿来的呢?

🐚 **阅读小资料**

　　海鸥是候鸟，分布于欧洲、亚洲至阿拉斯加及北美洲西部，迁徙时见于我国东北各省。青岛的海鸥主要来自西伯利亚以及我国黑龙江等地。夏季海鸥在当地繁殖、生长，到10月后开始飞到青岛过冬，第二年4月底又飞回去。

◇写一写，画一画

海鸥为什么喜欢来青岛过冬呢?

海鸥爱吃什么?

写一写:＿＿＿＿＿＿＿＿＿＿＿＿＿＿＿＿＿＿

画一画:

◇访一访，说一说

（1）海鸥从哪一年起开始来青岛过冬了呢？当时青岛的海鸥大约有多少只？

_____

_____

（2）现在青岛的海鸥大约有多少只？为什么这么多了呢？

_____

我们的实践计划

 **拓展阅读** ....○

◇**读一读，思一思**

　　海鸥已被列入中国国家林业局于2000年8月1日发布的《国家保护的有益的或者有重要经济、科学研究价值的陆生野生动物名录》。

◇**读一读，诵一诵**

海鸥

　　　　一个尖尖的小脑袋

　　　　加上敏锐的小眼睛

　　　　凑成了可爱的海上精灵——海鸥

　　　　我喜欢你们

　　　　我多想能来到你们的世界

　　　　和你们一起遨游大海

 评价反思 ....○

《给"鸥"遇找出理由》研究评价表

研究小组：　　　　　　　　　　　　　　　　　　填表日期：

评价项目	评价内容	自评	他评
知识	了解来青过冬的海鸥的种类		

（续表）

评价项目	评价内容	自评	他评
探究	了解海鸥喜欢在青岛过冬的原因		
情感	了解应该如何正确对待来青岛过冬的海鸥		

第2课
海滩书画家

学习目标

1. 通过对沙雕的探究及了解，初步感知沙雕所蕴含的艺术气息及体现的传统文化。

2. 通过搜集资料及对比实验，深度了解沙雕的构成及其体现的青岛的海洋文化。

3. 通过动手操作，以青岛海边的沙和水为材料，分组创作沙雕作品，发挥想象，了解爱护海洋、保护环境的知识，传承传统文化的理念。

在生活中学习

青岛有个海滩书法家　用沙子摆出巨幅汉字

　　68岁的陈永立是一位被当地人熟知的青岛大爷，在过去的40年里，陈师傅有时间就去青岛第一海水浴场的沙滩上"练字"。

陈师傅练字不用笔，也不用纸，一块木板、一把铲子，想写什么字儿，直接用沙子堆出来。无论"楷行隶草篆"哪种字体，陈师傅都能信手拈来。如果有人向他求字，只要陈师傅有时间，一

定满足而且分文不取。有一次，陈师傅帮路人在沙滩上堆出了一个宽8米、长14米的巨型"寿"字，前前后后花了6个小时。

读完以上信息，你有什么问题呢？

_____

_____

参考问题

（1）为什么沙雕要选择在海边的沙滩制作？

（2）在堆砌沙雕时怎样才能更稳定？

驱动性问题

在堆砌沙雕时怎样才能让我们的作品更稳定？

_____

针对驱动性问题，我的猜想是：

_____

合作探究

组建小队

我的小队成员是：_____

温馨提示： 小队成员人数要控制在4~6人。

针对"在堆砌沙雕时怎样才能让我们的作品更稳定"这个问题，老师推荐大家使用对比实验来进行研究。

对比实验：指设置两个或两个以上的实验组，通过对结果的比较分析，来探究各种因素与实验对象的关系，这样的实验称为对比实验。

◇议一议

我们认为通过以下活动可以让我们的作品更加稳定。

作品使用的材料：

作品呈现的形状：

作品需要的方法：

◇试一试

让我们到大海边去亲身体验吧！
别忘记带一点普通沙子做对比实验，还有压沙的工具哦！

（1）使用不同的沙子会影响沙雕稳定性。

	海滩沙	普通沙
看一看		
摸一摸		
做一做		
测一测		

（2）形状的不同会影响沙雕稳定性。

	金字塔式	其他形状
问一问		
查一查		
做一做		
看一看		

（3）压沙是否结实会影响沙雕稳定性。

	压沙结实无空隙	压沙有空隙
问一问		
做一做		
看一看		

◇**展一展**

我了解的其他小组的记录：_____

_____

◇**整一整**

我们认为：_____

_____可以让我们的沙雕更稳定。

◇**做一做**

以小组为单位在沙滩创作一幅沙雕画。

我们的设计稿

评价反思

《海滩书画家》研究评价表

研究小组： 填表日期：

评价项目	评价内容	自评	指导老师或者家长评
研究过程	认真参与每项研究，有不明白的问题随时问		
沙雕作品	小组完成沙雕作品，沙雕作品状态稳定		

第3课
有孔虫公园

学习目标

1.了解大海给予我们人类的各种资源和财富，初步了解有孔虫的基本特点。

2.通过研究性学习，了解人与自然和谐相处的重要性。

3.通过学习，感受大自然的美丽，体会生活的情趣，进一步增强同学们爱护海洋、保护环境的意识，树立可持续发展意识。

初识有孔虫

◇想一想

相信同学们都有这样的经历：漫步海边沙滩，一手提小桶，一手拿小铲，边走边捡贝壳、捉螃蟹……在青岛的海边、沙滩上经常能看到哪些生物呢？

◇猜一猜

郑守仪奶奶手里拿的是什么？

对，这就是有孔虫。

◇读一读

　　有孔虫是一类古老的原生动物，五亿多年前就生活在海洋中，至今种类繁多。由于有孔虫能够分泌钙质或胶结砂质，形成外壳，在钙质壳体上发育有规律的密集壳孔，以便伸出伪足，因此得名有孔虫。

◇找一找

从网络上找一找有孔虫的图片或者视频，看到有孔虫你有什么感觉？

_____

_____

🐚 拓展资料

　　有孔虫种类繁多，包括1000多个属、34000多种，种类约6000种，并且还在以每天两个新种的速度飞快地增加。大多数有孔虫的尺寸只相当于一粒小米的十几分之一甚至几十分之一。有孔虫的生殖方式分为有性生殖和无性生殖两种。影响有孔虫生长、生殖和分

显微镜下的有孔虫

布的主要因素是水温、深度和盐分等。

　　有孔虫的多样外貌特征：螺旋壳、列式壳等。没想到，小小的有孔虫还有这么多副面孔呢！别看有孔虫那么小，它的用途可是很广泛的呢！利用有孔虫可以确定地层时代，解开尘封在土地里的故事和记忆。地质学家们通过有孔虫揭开沧海桑田之谜。不同的生存环境会导致有孔虫表现出不同的形状，因此，合理利

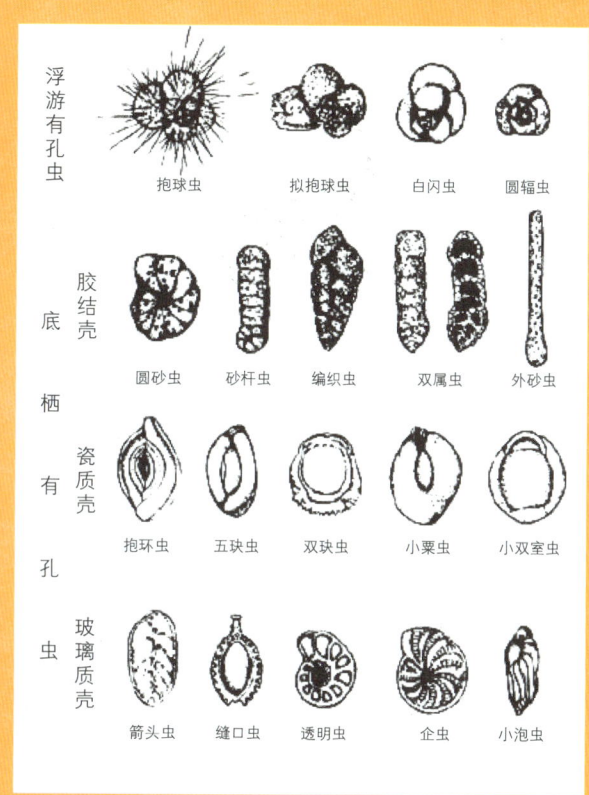

浮游有孔虫

| 抱球虫 | 拟抱球虫 | 白闪虫 | 圆辐虫 |

底栖有孔虫　胶结壳

| 圆砂虫 | 砂杆虫 | 编织虫 | 双属虫 | 外砂虫 |

瓷质壳

| 抱环虫 | 五玦虫 | 双玦虫 | 小粟虫 | 小双室虫 |

玻璃质壳

| 箭头虫 | 缝口虫 | 透明虫 | 企虫 | 小泡虫 |

用有孔虫能有效推断地质历史时期的环境情况。可以说，小小的有孔虫，却有着大大的用途。

　　同学们你们知道吗，有孔虫被誉为大海中的"小巨人"呢！

 合作探究 ·· ○

◇探一探

1. 提出问题。

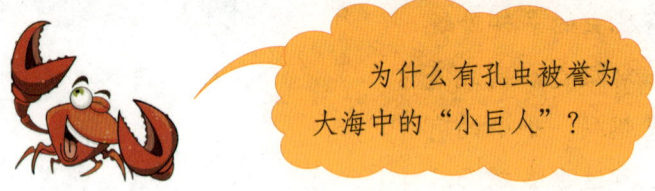

为什么有孔虫被誉为大海中的"小巨人"?

2. 研究过程。

方式:通过上网查资料、图书馆查阅相关书籍、咨询专业海洋人员、参观海洋馆有孔虫实验室等多种方式。

3. 研究方向。

有孔虫的多样外貌特征。

有孔虫的用途(如揭开沧海桑田之谜、制作有孔虫模型工艺品等)。

4. 总结与反思。

通过手抄报的形式进行研究成果交流与展示。

 问一问

通过询问周边的人,了解到的有孔虫知识有:

 查一查

通过查阅资料,了解到的有孔虫的种类有:

动一动

通过去到_____实地探究，我找到了这些有孔虫：

画一画

将我了解到的不同的有孔虫种类画下来：

在研究有孔虫的过程中，我还发现_____。

比如说：由于环境的恶化，有孔虫壳体发生了大量畸变。

 评价反思 ·······························

《有孔虫公园》研究评价表

研究小组：　　　　　　　　　　　　　　　　　填表日期：

评价项目	评价内容	自评	他评
研究过程	认真参与每项研究，有不明白的问题随时问		
展示作品	认真完成自己研究有孔虫的手抄报，并积极参与展示活动		

第4课
寿司≈咸鱼

学习目标

1. 通过了解寿司的由来，提出有价值的问题。

2. 通过实验，进一步培养学生实事求是的科学态度、探索精神，提高创新意识。

3. 从常见的生活现象出发，引导学生探究、实验，体会生活中的乐趣，学以致用，使学生认识到生命科学的价值。

查阅资料

◇想一想

> 同学们，你们吃过寿司吗？看到《寿司≈咸鱼》这个题目你们想到了什么？

◇读一读

日本美食寿司，其名由日语"sushi"直接音译而来，在日文中写作"鮨"或"鲊"。有趣的是，如今日文中用来指代寿司的"鮨"字，在中国古代竟有"咸鱼"之意。

在中国，盐的普及略早于醋。起初盐和醋的使用不是为了调味，而是为了贮存食物。古人会用海盐涂遍鱼身，让其自然发酵后就可以变为咸鱼，这基本就是"鮨"的模样了。

　　寿司在日文中也用"鮓"（zhǎ）字表示。"鮓"就是"藏鱼"。"藏"是收藏、贮存的意思，所以，"藏鱼"也可以理解为腌制的咸鱼。

　　由此看来，"鮨"和"鮓"大体相同，都有咸鱼的意思。

大胆猜想

（1）为什么鲜鱼不易于保存，容易腐臭？

_____

_____

_____

（2）为什么咸鱼容易保存？

_____

_____

_____

一定要自己先猜一猜哦，不要急着去找答案哦！

1.为什么鲜鱼不易保存，容易腐臭？

（1）鱼肉中含水分较多。

（2）鱼肉纤维质组织比较脆弱。

（3）在常温下附着于鱼体的细菌易繁殖。

（4）鱼死后繁殖的细菌会使鱼肉发臭。

2.为什么咸鱼容易保存？

鱼类是易腐食品，不易长期保存，为此可把鱼类制成各种加工品，如盐腌就是保存鱼类的一种方法。

在腌制过程中，食盐不仅可以减少鱼肉的水分含量，同时也可使微生物的生长受到抑制。浓的食盐溶液，还可起到抑制蛋白分解酶的作用。因此盐腌可以抑制鱼肉的腐败变质，增加鱼制品的耐贮性，而且腌制后的鱼制品别有风味。

合作探究

◇做一做

读了这么多，咸鱼就是比鲜鱼容易保存吗？我们做个对比实验验证一下吧。

	鲜鱼	咸鱼
第一次记录时间		
看一看		

（续表）

	鲜鱼	咸鱼
摸一摸		
闻一闻		
第二次记录时间		
看一看		
摸一摸		
闻一闻		
第三次记录时间		
看一看		
摸一摸		
闻一闻		

◇议一议（从中选择两个方面进行交流）

（1）交流观察日记。

（2）交流咸鱼的利与害。

（3）交流古代与现代使鱼类保鲜的方法，感受古代劳动人民的智慧和现代科技的发达。

（4）尝试制作寿司。

展示精彩的瞬间

 评价反思

《寿司≈咸鱼》研究评价表

研究小组：　　　　　　　　　　　　　　　　　　填表日期：

评价项目	评价内容	自评	他评
立题	积极思考并认真进行猜想		
过程	在研究过程中积极参与，能够完成一次对比实验		
展示	积极展示自己的研究成果，并愿意了解更多的知识		

第5课
吹响"小螺号"——海螺

学习目标

1. 通过思维导图，围绕"小螺号"进行有价值的联想，初步确立研究主题。

2. 通过小组合作，研究海螺的种类、生长繁殖、相关歌曲、食用价值和工艺价值，以PPT、学习研究报告、歌曲联唱、现场观察、烹饪品尝等形式汇报交流。

3. 走进沙滩、海洋博物馆、海洋研究所等地学习实践，树立亲海、爱海的意识，合理开发利用海洋资源。

初识思考

◇听一听

> 拿起"小螺号"，谁来说说你看到了什么？听到了什么？

查找《小螺号》歌曲听一听：小螺号，滴滴滴吹，海鸥听了展翅飞；小螺号，滴滴滴吹，浪花听了笑微微……

◇画一画

"小螺号"是大海的召唤，请同学们围绕"小螺号"进行有价值的联想，看谁思维活跃、脑洞大开！

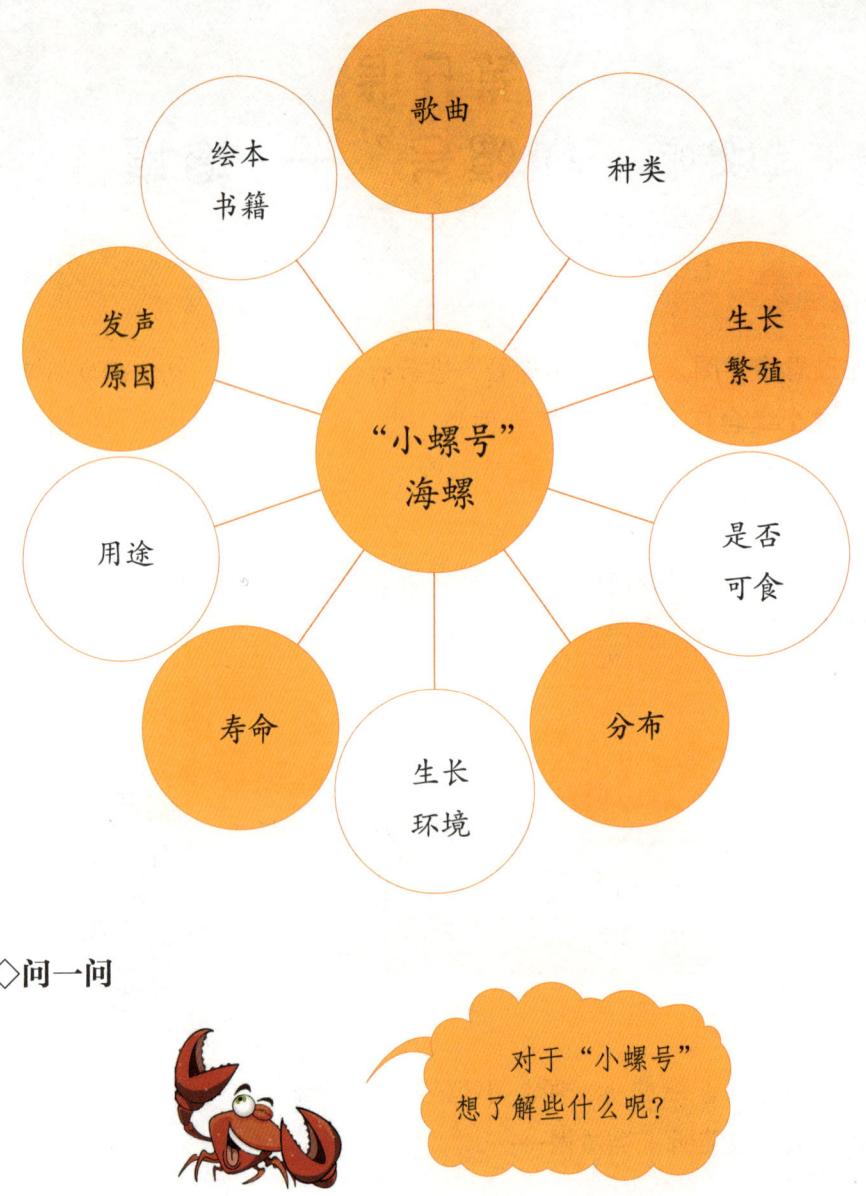

◇**问一问**

对于"小螺号"
想了解些什么呢?

　　请同学们自由选择,将选择研究的主题写在下面的小螺号上,根据选择分组合作,完成个性化学习研究之旅。

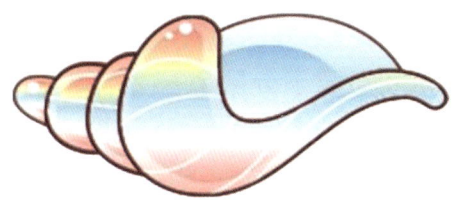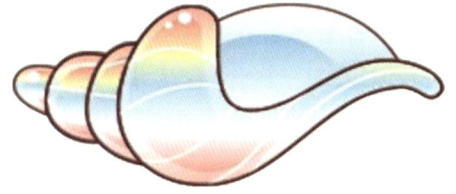

合作探究

◇**研一研**

分组后可以根据以下提示进行研究。

我们小组的研究主题是：＿＿＿＿＿＿＿＿＿＿＿＿＿＿＿

小组成员分别是：＿＿＿＿＿＿＿＿＿＿＿＿＿＿＿＿＿

我们的学习方式是：＿＿＿＿＿＿＿＿＿＿＿＿＿＿＿＿＿

我们的汇报形式是：＿＿＿＿＿＿＿＿＿＿＿＿＿＿＿＿＿

分组提示

● **解密"小螺号"组**

研究主题：海螺的种类、生长繁殖、生活环境、分布和寿命。

研究路径：搜集资料、参观标本馆、采访海洋研究所的专家学者。

汇报形式：PPT汇报、海螺图片展、海螺标本展、专家面对面答疑释惑、海螺资料卡、海螺知识竞赛等。

● **绘本"小螺号"组**

研究主题：搜集与海螺有关的绘本书籍，交流分享。

研究路径：个人搜集、小组汇总、去图书馆寻找有关书籍。

汇报形式：课前三分钟演讲、小讲师巡讲、读书分享会、"小螺号"戏剧节、与"小螺号"相关的影视资料展演等。

● 吹响"小螺号"组

研究主题：研究海螺的发声原因。

研究路径：多角度猜测—现场实验求证—查阅相关资料—请教专家。

汇报形式：与科学课整合，举行一场吹响"小螺号"主题的科学实验课，现场操作，答疑释惑，最后绘制海螺发声的科学画报。

● 唱响"小螺号"组

研究主题：搜集、演唱和"小螺号"有关的歌曲。

研究路径：个人搜集、小组汇总、全校范围征集有关"小螺号"的歌曲、采访相关专业人士。

汇报形式："小螺号"歌曲欣赏、"小螺号"歌曲演唱会、"小螺号"歌舞秀、"小螺号"乐器展演等。

● 美食"小螺号"组

研究主题：确认常见的可食用海螺品种，根据季节和食材选择合适的烹饪方法。

研究路径：搜集资料，去海鲜市场、饭店后厨等地实地考察学习，向有经验者请教。

汇报形式：家乡美食——海螺主题图片展，海螺菜品品鉴大会，现场烹饪一道海螺菜品。

◇**访一访**

根据我的研究我到 ＿＿＿＿＿＿＿（地方）开展了研学活动。

我的研学过程和发现是：＿＿＿＿＿＿＿＿＿＿＿＿＿＿＿

＿＿＿＿＿＿＿＿＿＿＿＿＿＿＿＿＿＿＿＿＿＿＿＿＿＿＿

◇**展一展**

我的汇报照片或者文字：

评价反思

《吹响"小螺号"——海螺》研究评价表

研究小组：　　　　　　　　　　　　　　　　　　填表日期：

评价项目	评价内容	自评	他评
立题	积极思考提出自己的问题，并能够参与一个课题研究中		
过程	在研究过程中积极参与，能够与他人合作完成一次研学		
展示	将自己的研究形成人工制品，并积极展示自己的研究成果		

第6课
蛤蜊的年龄

学习目标

1. 通过实地调查，记录蛤蜊的一般存活年限。

2. 通过记载和搜集到的资料，了解如何判断蛤蜊的年龄。

3. 通过考察、查阅资料、进高校做实验等方式，探究影响蛤蜊年龄的因素。

4. 通过对研究成果的宣传，让更多人了解蛤蜊的生存现状，意识到保护海洋生物的重要性，树立保护海洋生态环境的意识。

初识思考

◇画一画

我们生活在大海边，画一画你在青岛看到的蛤蜊都是什么样的。

◇问一问

美丽又富饶的大海，用它毫不吝啬的馈赠养育了一代又一代海边人，其中的蛤蜊就是一种美味易得的食物。

关于蛤蜊的年龄想了解些什么呢？可将你的问题写在下面的贝壳中。

◇猜一猜

对于你的问题，你有什么猜想与假设呢，也写下来吧。

合作思考

◇研一研

研究主题	蛤蜊的年龄	研究时间
研究方法		

（续表）

研究主题	蛤蜊的年龄	研究时间
我们准备怎么来研究蛤蜊的年龄		
实地调查实验记录	我们来到_____探寻蛤蜊的年龄。 分配任务，按分工实施_____。 我的任务是：_____ 我们初步判断这个蛤蜊的年龄是：_____	
专业判断	我的记录：_____ _____ _____	

研究方法

查阅资料　　交流讨论
亲手实验　　实地调查
采访专业人士　……

查阅资料

蛤蜊的年龄可以根据其贝壳上的年轮计算出来。

很高兴，我们能初步完成蛤蜊年龄的判断，可是我们的判断到底对不对呢？我们需要去请教专业人士或者用更加先进的技术来完成判断。

《蛤蜊的年龄》研究评价表

研究小组：　　　　　　　　　　　　　　　　填表日期：

评价项目	评价内容	自评	他评
立题	积极思考并认真进行猜想		
过程	在研究过程中积极参与，能够完成一次实验		
展示	积极展示自己的研究成果，并愿意了解更多的知识		

蛤蜊的自述

今天我变身一只蛤蜊，来告诉你我的年龄的判断方法。

第7课
礁石上的家族

学习目标

1.将收集到的不同贝壳进行汇总与展示，提高动手操作能力与归纳分析能力。

2.能用流畅和简练的语言，与小组成员共同合作交流探究的过程以及取得的成果，提高自己的表达与合作能力；同时能合理地反思，给自己与他人正确的评价。

初识贝壳

◇想一想

同学们喜欢去海边吗？大家去海边一般都做什么呢？哦，有的同学会去沙滩玩，有的同学会去抓小螃蟹……你还能经常看到礁石，那对于礁石你有什么了解和疑惑吗？请在下面的贝壳里写出你的问题。

问题可以用"是什么""为什么""怎么样"来提问。

与同伴们交流自己提出的问题，看看是否有志同道合的研究者，组成小组共同探讨。如果没有合作伙伴，可以邀请老师、家长或者其他人一起研究。

小组成员	我们研究的共同问题	指导教师

 老师的话

礁石上的贝壳都有哪些?

想一想，你生活中看到的贝壳都有什么样的?

大家能够对自己感兴趣的问题进行研究，老师为你们点赞。在这里以"礁石上的贝壳都有哪些"为例，给大家提供一些进行实践活动的建议，大家可以按照自己的研究课题去探究。

制订方案 ....○

研究课题	礁石上都有哪些贝壳？	研究时间	10周
研究目标	①问一问：问一问身边的老师、同学和家人等，礁石上都有哪些贝壳。 ②查一查：通过网络查找礁石上贝壳的种类，激发对海洋的兴趣和热爱。 ③动一动：在大人陪同下，亲自到海边礁石上观察并寻找不同的贝壳，提高自己的观察力、动手操作能力与实践能力。 ④画一画：将自己了解及观察到的礁石上的不同贝壳，用自己喜欢的方式画下来。 ⑤将收集到的不同贝壳进行汇总与展示，提高动手操作能力与归纳分析能力。 ⑥能用流畅和简练的语言，与小组成员共同合作表达交流探究的过程以及取得的成果，提高自己的表达与合作力；同时能合理地反思，给自己与他人正确的评价。		
研究方法	①查阅资料。 ②亲身体验，动手操作。 ③调查访问。 ④听报告和讲座。 ⑤角色体验。		
研究步骤	①确定主题，制订计划。 ②分配任务，按分工实施。 ③整理资料，制作PPT。 ④展示成果，分享交流。		

（续表）

研究课题	礁石上都有哪些壳类？	研究时间	10周
组员分工	甲		
	乙		
	丙		
	丁		
	戊		
	己		
邀请指导老师			
预期成果			

　　为了更好地开展研究活动，各组制订好小组研究方案后需要在班里交流一下，然后根据大家提出的建议进行修改和完善。

过程记录 ···○

　　通过询问周边的人，了解到的有：

　　通过查阅资料，了解的礁石上贝壳的种类有：

动一动

通过去_____实地探究，我找到了这些贝壳：

画一画

将我了解到的不同的贝壳种类画下来：

结论可以这样表达：

关于这个课题，开始我的猜想是……，经过……，我发现（我认识到）……，我得出这样的结论：_____

我的结论

粘一粘

这些是我收集到的不同种类的贝壳：

评价反思

《礁石上的家族》研究评价表

研究小组：   填表日期：

评价项目	评价内容	自评	他评
立题	积极思考并认真制订研究方案		
过程	在研究过程中积极参与，能够一关一关地完成所有任务		
展示	积极展示自己的研究成果，并愿意了解更多的知识		

第8课
探知海的情绪——海浪

学习目标

1.通过实地查看对"海的情绪——海浪"提出有价值的问题，制订活动计划表。

2.通过搜集资料，了解海浪的等级和波高，以及海浪与风力的密切关系。

3.通过小组合作研究及实地勘测、海浪情绪卡评估，揭开海浪的形成原因，研究如何有效利用海浪及规避灾害。

4.通过"小小海浪预报员"活动，让更多人了解海浪的形成原因及利害，提升避灾防险的预判能力和自护能力，树立低碳环保、合理开发利用海洋的意识。

◇看一看，想一想

作为青岛人，你一定经常去海边玩耍吧？美丽的夏天，你在海滩上踩过浪花吗？小小的浪花给你带来了许多乐趣吧？你有没有注意到这些浪花在不同的日子、不同的时间段里，会有很大的变化呀？

面对大小不同的浪花，你能提出什么问题呢？可以用"是什么""为什么""怎么样"来提问。

与同伴们交流自己提出的问题，看看是否有志同道合的研究者，组成小组共同探讨。如果没有合作伙伴，可以邀请老师、家长或者其他人一起研究。

小组成员	我们研究的共同问题	指导教师

 制订方案 ······ ○

◇研一研

研究主题	海的情绪——海浪		研究时间	10周
研究问题	①海浪的等级和波高。	②海浪形成的原因。		
	③＿＿＿＿＿＿＿。	④＿＿＿＿＿＿＿。		
	⑤＿＿＿＿＿＿＿。	······		
研究方法	①实地观察、记录。	②访谈专业人士。		
	③查阅、整理资料。	④交流讨论。		
	⑤思考辨析。	······		

（续表）

任务分配 （按分工 实施）	我的任务是：
观察记录	日期：　　　　　　时间： 观察到的海浪大小、形状等的情况记录： ＿＿＿＿＿＿＿＿＿＿＿＿＿＿＿＿ 海边事物、景物的情形： ＿＿＿＿＿＿＿＿＿＿＿＿＿＿＿＿ 日期：　　　　　　时间： 观察到的海浪大小、形状等的情况记录： ＿＿＿＿＿＿＿＿＿＿＿＿＿＿＿＿ 海边事物、景物的情形： ＿＿＿＿＿＿＿＿＿＿＿＿＿＿＿＿ 日期：　　　　　　时间： 观察到的海浪大小、形状等的情况记录： ＿＿＿＿＿＿＿＿＿＿＿＿＿＿＿＿ 海边事物、景物的情形： ＿＿＿＿＿＿＿＿＿＿＿＿＿＿＿＿
成果展示 方式	①制作《海的情绪卡》。 ②整理资料，完成研究报告，制作PPT。 ③展示成果，分享交流。
我们的 成果	①整理完成海浪知识思维导图。 ②完成海浪的合理利用建议及规避灾害小报告。 ③完成小小海浪工程师设计（开发利用海浪的设想）。

◇展一展

小组合作，绘制海浪情绪卡。

海浪Ⅰ级警报	
海浪Ⅱ级警报	
海浪Ⅲ级警报	
海浪Ⅳ级警报	

海浪预警级别分为四级警报，分别代表特别严重、严重、较重、一般，颜色依次为红色、橙色、黄色和蓝色。

思维导图梳理海浪知识

海的情绪——海浪

- 等级
  - 风级
  - 浪高
- 形成原因
  - 风浪涌浪
  - 近岸波
- 合理利用
  - 发电
  - 运输
- 规避灾害
  - 预报
  - 预案

小小海浪工程师

结合查阅资料、发挥想象力，描绘出开发利用海浪的无限可能。

宣传小使者

走出学校，在人员密集的海水浴场等地宣传预防溺水、海啸等知识。

你的宣传词是：

 评价反思 ·······················○

《探知海的情绪——海浪》研究评价表

研究小组：　　　　　　　　　　　　　　　填表日期：

评价项目		评价内容	自评	他评
知识与技能评价		了解海浪的等级和波高，探究了解海浪形成的原因		
		完成制作海浪情绪卡		
		完成海的情绪——海浪思维导图		
		完成小小海浪工程师设计（开发利用海浪的设想）		
探究品质评价	立题	积极思考并认真制订研究方案		
	过程	在研究过程中积极参与，能够一关一关地完成所有任务		
	展示	积极展示自己的研究成果，并愿意了解更多的知识		

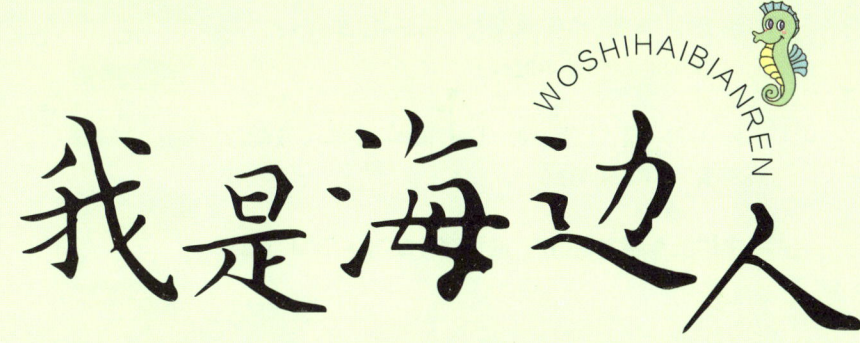

WOSHIHAIBIANREN

我是海边人

项目式学习活动手册

徐学红　编著

中年级

中国海洋大学出版社

·青岛·

图书在版编目（CIP）数据

我是海边人. 2, 项目式学习活动手册 中年级 / 徐
学红编著. —青岛：中国海洋大学出版社, 2021.11
ISBN 978-7-5670-3021-3

Ⅰ.①我… Ⅱ.①徐… Ⅲ.①海洋学—小学—教学参
考资料 Ⅳ.①G624.453

中国版本图书馆CIP数据核字（2021）第242362号

出版发行　中国海洋大学出版社
社　　址　青岛市香港东路23号　　　　邮政编码　266071
出 版 人　刘文菁
网　　址　http://pub.ouc.edu.cn
电子信箱　502169838@qq.com
订购电话　0532-82032573（传真）
责任编辑　由元春　　　　　　　　　　电　　话　15092283771
印　　制　青岛国彩印刷股份有限公司
版　　次　2023年2月第1版
印　　次　2023年2月第1次印刷
成品尺寸　185mm×225mm
总 印 张　11.25
总 字 数　180千
印　　数　1~1000
总 定 价　98.00元
（全三册）

前 言

  "我是海边人"是青岛金门路小学于2017年10月启动的一个有关海洋学习的活动主题。我们之所以采用这个主题，是因为这个主题透着一种青岛人作为海边人的自豪感。

  是的，青岛人的性格总是与大海联系在一起，诸如博大、包容、坚毅、开放等。那么，如何把这种性格品质传承下去？这是我们生活在海边的基层教育工作者必须要思考的问题。因为我们清楚，虽然我们的学生从小就生活在海边，从小身上就带有一种"海腥"的味道，但对于生活中"原生色"的海，他们也许不是那么熟悉和真正了解。

  生活在青岛的人不一定是真正的海边人。真正的海边人至少要有这样的特质：

  1.应知海。作为一名海边人，如果不能随口说出几样海菜，不能脱口而出几种海鱼，不能一眼认出几种贝类，不能清楚记得赶海的日子等，那怎能称为"海边人"？

  2.乐探海。我们常说"知之深则爱之切"，不探就不知。作为海边人一定要对大海充满好奇，喜欢探索大海的奥秘，喜欢研究"鹦鹉螺"号潜水艇，喜欢追随"大洋一"号的旅程，喜欢跟随"蛟龙"号沉潜，喜欢研究海

洋军事……总之，大海给了我们美丽的憧憬和无限的向往。

3. 要亲海。海是大自然馈送给青岛最珍贵的礼物。海让整个城市弥漫着"海的味道"，各种海鲜，已成为海边人舌尖上的常客，成为招待远方朋友的惯用美食，成为海边人餐桌上离不开的食物。其实，青岛人的亲海还表现在驰名中外的大品牌都以"海"字当头，如海信、海尔；大的国有企业名称都带有"海"字，如海润自来水集团、海丰国际航运集团，就连海牛足球队都少不了一个"海"字。

4. 善学海。海一直熏染着傍海而居的青岛人。你会发现真正的海边人，举手投足之间都诠释着正义、豪放、包容、坚韧、拼搏……真正的海边人其实已与海融为一体了，他们的骨子里镌刻着深深的"海"字。

5. 能强海。作为海边人必须有强海的意识。我们知道"海洋是高质量发展战略高地"，作为海边人从小就要种下强海的梦想，学会保护海、开发海、利用海，让强海梦掷地有声。

那么，如何擦亮孩子们身上这些海边人的特质？毋庸置疑，抵达目标的途径有很多，但是我们选择了以问题驱动教学法的研究为载体，来推进孩子们的成长。之所以选择这种学习方式，是因为解决问题的能力是学生基于当下、适应未来发展的最重要的能力。我们期望学生们能在真实问题的解决中，激发探究的兴趣，强壮"思考肌"，提高自己解决问题的能力，拥有海的美好品质。同时，青岛市金门路小学的办学理念就是"致良知，爱世界"，倡导孩子们在知行合一的实践中热爱海洋，热爱家乡。

《我是海边人》项目式学习活动手册根据学生年龄特点分为低、中、高三册，每册包含八个探究主题。每个项目活动通过不同的情境创设，引导学生提出问题：基于研究的问题，学生依据自己的判断，进行大胆的猜想

与假设；随后学生根据问题的研究方向分组并制订计划；然后借助"查一查""找一找""画一画""做一做""议一议""访一访"等不同的参与和实践方式，解决真实世界的问题；最后进行评价。在问题的解决中，学生会涉猎海洋生物、海洋现象、海洋历史、海洋文学、海洋战争、海洋经济等多方面的学习内容；在问题的解决中，学生会把各学科学到的知识、技能、方法、策略迁移应用到探究学习中；在问题的解决中，学生们会了解城市的非物质文化遗产，了解城市的文化风俗；在问题的解决中，学生们会学会独立担当与团队合作。孩子们在项目的实施过程中，总是会遇到或多或少的困难，但是我们相信这些困难都会在孩子们的坚持、努力、开放、合作中迎刃而解。

《我是海边人》项目式学习活动手册，是青岛金门路小学在海洋教育中的一次主动而大胆的实践探索。之所以主动探索，那是源于我们对海洋、对家乡的热爱，源于我们对孩子们的爱、对教育的爱；因为爱，所以内生了许多的力量和胆气。我们知道它并不完美，但是我们相信它可以在实践中走向完美。期望我们在一次次的践行中、一次次的思考中，让魅力之蓝融化在骨子里、血液中，成为有深意的、真正的海边人。

目录
CONTENTS

第1课
非物质文化遗产——田横祭海

 **学习目标** · ◌

1.初步了解非物质文化遗产的知识。

2.通过对非物质文化遗产的新闻阅读，能提出自己的问题并能进行合理的猜想。

3.通过实地采访、亲身参与等方式，了解田横祭海仪式，了解地域文化，并在活动中理解它为什么会成为非物质文化遗产。

4.学习做面塑，在制作过程中发挥自己的想象和创意。

5.在活动中提高自己与他人合作、表达沟通的能力。

项目	1	2	3	4	5
自评	☆☆☆	☆☆☆	☆☆☆	☆☆☆	☆☆☆
小组评价	☆☆☆	☆☆☆	☆☆☆	☆☆☆	☆☆☆
教师评价	☆☆☆	☆☆☆	☆☆☆	☆☆☆	☆☆☆

◇**猜一猜**

请上网查一查田横祭海的照片，猜猜图上的人们在干什么？

推测：人们可能在＿＿＿＿＿＿＿＿＿＿＿＿＿＿＿＿＿，也可能

在＿＿＿＿＿＿＿＿＿＿＿＿＿＿。

◇读一读

　　2018年3月18日，传承500余年的田横祭海仪式，在田横岛周戈庄村主会场隆重举行。一大早，周戈庄村村民在龙王庙的祭品桌上摆放了"三牲"祭品，摆满了面塑圣虫、青桃等。上午8:18分祭海仪式正式开始。如今的田横祭海逐渐成为此处的传统风俗活动，成为欢送渔民出海、预示渔业丰收的盛大节日。田横祭海已被列入国家级非物质文化遗产名录。

　　同学们在阅读完上面的材料后，肯定会有不同的问题要提出来。请在下面鱼图里写出你的问题。

与同伴们交流自己提出的问题，看看是否有志同道合的研究者，组成小组共同探讨。

　　同学们：大家能够对自己感兴趣的问题进行研究，老师为你们点赞。在这里老师以"为什么田横祭海被列为国家级非物质文化遗产"为例，给大家提供一些探究实践活动的建议，大家可以按照自己的研究课题去探究。

<table>
<tr><td>小组成员</td><td>共同研究的问题：
田横祭海为什么被列为国家级非物质文化遗产？
小组研究的问题（选做）：</td><td>指导教师</td></tr>
</table>

研究实施

为什么田横祭海被列为国家级非物质文化遗产？

非物质文化遗产是指各种以非物质形态存在的，与群众生活密切相关、世代相承的传统文化表现形式。

我的猜想：_____

_____

猜想的理由：我是通过新闻报道、图片来猜想的。譬如从上面的图片就能看出参加田横祭海的人很多，老百姓们很喜欢。

1. 初步了解非物质文化遗产的内涵。

阅读小资料

根据《中华人民共和国非物质文化遗产法》规定：非物质文化遗产是指各族人民世代相传并视为其文化遗产组成部分的各种传统文化表现形式，以及与传统文化表现形式相关的实物和场所。

它包括哪些内容？

阅读小资料

非物质文化遗产包括：

（1）传统口头文学以及作为其载体的语言。

（2）传统美术、书法、音乐、舞蹈、戏剧、曲艺和杂技。

（3）传统技艺、医药和历法。

（4）传统礼仪、节庆等民俗。

（5）传统体育和游艺。

（6）其他非物质文化遗产。

为了继承和弘扬中华民族的优秀传统文化，促进社会主义精神文明建设，加强非物质文化遗产保护和保存，我国制定了《中华人民共和国非物质文化遗产法》，并于2011年6月1日起施行。

2. 实践探究田横祭海的特点。

田横祭海始于什么时间?

传说始于明清时期，已有五百多年的历史。最初的田横祭海并没有固定的时间，只要船家修缮完渔船，整理好渔具后，便可以举行祭海仪式。"谷雨百鱼上岸"，开海捕鱼大多在每年的谷雨前后（也有春分前后一说），以后便逐渐固定在这一时间进行祭祀。

传说田横祭海始于明朝，明太祖朱元璋时期。

看一看

仔细观看图片，把自己看到的或感兴趣的画面记录下来。

（1）祭海的场面人山人海。

（2）渔民在龙王庙前的供桌上摆了很多祭品，有很多花样面食，还有猪、鱼和很多水果。

（3）很多人在放爆竹。

（4）看到人们抬着"龙王"。

（5）看到锣鼓队。

（6）还有秧歌。

我的思考

（1）供桌上为什么要摆猪、鸡和鱼？猪上为什么有一些黑毛？

_____

（2）面塑中为什么有很多大人们说的"圣虫"？

_____

（3）为什么人们要祭祀龙王、海神娘娘和观音菩萨等？

_____

在探究的过程中，采访是一种很重要的研究方法。当我们去田横祭海会场时，我们可以对当地人进行采访，解答我们的疑问。

（1）采访之前要设计好采访记录表，确定好拟采访的问题。

（2）采访中能真实详细地记录下采访人的回答，如果有不清楚的地方，可以有礼貌地请被采访者重述，以补充记录。

（3）为了全面详细地举例采访内容，小组成员可以采取不同的方式进行记录，诸如可以笔录，也可以经被采访人允许，借助录音笔、录音机、摄像机等进行记录。

（4）采访后，要及时整理采访资料。

田横祭海仪式采访记录单

采访时间		采访地点	
采访者		所在班级	指导教师
采访主题			
采访对象		工作单位：	
		联系方式：	
拟采访的问题			
采访方式		面对面	
采访准备			
采访记录			
采访效果			

田横祭海仪式现场（通过现场游戏闯关的方式，找到答案。）

我闯过的第一关：找"圣虫"，照一照、画一画。

我闯过的第二关：找到"三牲祭海"，说一说每种牲畜的特点。

我闯过的第三关：记录仪式上还有哪些活动，小组讨论一下，找老师说一说，看看哪组说得最全面。

闯关勋章（完成任务后，找老师获得勋章）。

采访任务完成　　游戏第一关　　游戏第二关　　游戏第三关

3. 整理资料，得出结论。

针对"田横祭海为什么是国家级非物质文化遗产"这个课题，我开始认为有可能是因为＿＿＿＿＿＿＿＿＿＿＿＿＿＿＿＿＿＿＿。但是通过查资料、看图片，通过采访当地的工作人员和渔民，我知道了它成为国家级非物质文化遗产的依据主要有以下几个方面：

＿＿＿＿＿＿＿＿＿＿＿＿＿＿＿＿＿＿＿＿＿＿＿＿＿＿＿＿＿＿＿＿＿

＿＿＿＿＿＿＿＿＿＿＿＿＿＿＿＿＿＿＿＿＿＿＿＿＿＿＿＿＿＿＿＿＿

4. 参与体验，学做面塑。

学做"圣虫"：

（1）和面。和面、发面、揉面。

（2）造型。揉面时根据造型不同揉出来的面团也不一样：长条的，盘起来做虫身；有的直接揉成一个个的"鸽子蛋"，用来做"圣虫"底座的缀边。

（3）装饰。造型好后，用黑豆或红豆作"眼睛"，然后将大枣及硬币塞入"圣虫"的口中。

（4）入锅。将"圣虫"放入锅中蒸，出锅后再用各色颜料点缀，一个栩栩如生的"圣虫"就出炉了。

"圣虫"做一做

"圣虫"制作过程日记

年 月 日 星期 天气

第2课
秦始皇寻找"长生不老药"

 **学习目标** ....

1.在家人的指导下，学会做一样有关海藻的菜，邀请家人和朋友品尝，提高自己的生活实践能力。

2.能用自己喜欢的材质和表现手法，创作一幅有海藻元素的海底世界作品，我们将在课题成果展示会上进行展览。

3.能根据学到的知识，从保健的角度给大家写一份正确食用海藻的建议书。

4.能用流畅和简练的语言，与小组成员共同合作表达交流探究的过程以及取得的成果，提高自己的表达与合作力；同时，能进行合理的反思，给自己与他人正确的评价。

项目	1	2	3	4	5
自评	☆☆☆	☆☆☆	☆☆☆	☆☆☆	☆☆☆
小组评价	☆☆☆	☆☆☆	☆☆☆	☆☆☆	☆☆☆
教师评价	☆☆☆	☆☆☆	☆☆☆	☆☆☆	☆☆☆

◇**读一读，提问题**

> 　　《史记·秦始皇本纪》中有这样的记载："齐人徐市等上书，言海中有三神山，名曰蓬莱、方丈、瀛洲，仙人居之。请得斋戒，与童男女求之。于是遣徐市发童男女数千人，入海求仙人。"
>
> 　　日本海藻学家、北海道大学水产学部大石圭一教授的有关研究认为，徐市在日本寻找的长生不老药，其实就是被日本称为"长寿菜"的海带。

　　同学们在阅读完上面的材料后，会有不同的问题要提出来。请在下面画的金鱼里写出你的问题。

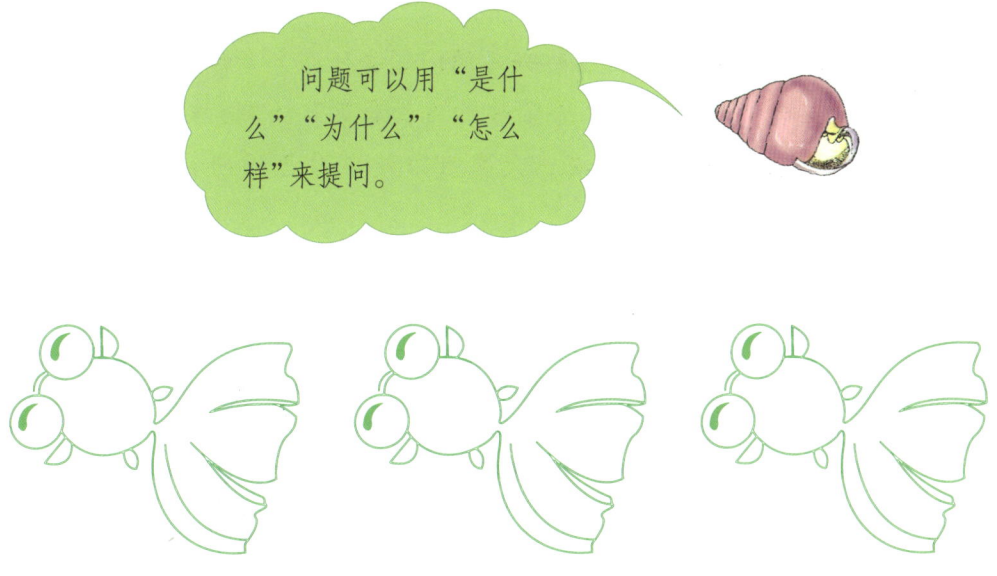

问题可以用"是什么""为什么""怎么样"来提问。

与同伴们交流自己提出的问题,看看是否有志同道合的研究者,组成小组共同探讨。如果没有合作伙伴,可以邀请老师、家长或者其他人一起研究。

小组成员

共同研究的问题:

指导教师

 老师的话

同学们:大家能够对自己感兴趣的问题去研究,老师为你们点赞。在这里老师以"为什么海带被称为长寿菜"为例,给大家提供一些探究实践活动的建议。大家可以按照自己的研究课题去探究。

研究实施

为什么海带被称为"长寿菜"?

◇猜一猜

我的猜想:

我猜想在海带里面肯定有什么成分存在,这种成分吃了以后可能不容易得病,有利于人的身体健康。

猜想的理由：_____

猜想？猜想
是随便猜猜吗？

上面提供的材料让我知道，常吃海带，有益于身体健康。

我经常听外婆说："常吃海带，老人不得高血压。"那海带里面肯定有什么对身体好的成分了。

猜想可不是瞎猜：
· 可以根据生活常识进行猜想。
· 可以依据读过的报纸杂志进行猜想。
· 可以依据曾经做过的实验、活动等猜想。
······

◇研一研

1. 规划方案。

研究课题	为什么海带被称为"长寿菜"	研究时间	10周
研究目标	①在摸一摸、闻一闻等实践活动中初步感知海带的特征。 ②通过网络和书籍了解海藻的分类，了解海带的特征。 ③在国家实验室和场馆专业人士的指导下，通过实验了解海藻的构造和成分。 ④在报告和讲座中知道现代科技对海藻的开发利用，激发对海洋的兴趣和热爱。		

（续表）

研究课题	为什么海带被称为"长寿菜"		研究时间	10周
研究方法	①查阅资料。 ②亲身体验与实验。 ③调查访问。 ④听报告和讲座。 ⑤角色体验。			
研究步骤	①确定主题，制订计划。 ②分配任务，按分工实施。 ③整理资料，制作PPT。 ④展示成果，分享交流。			
组员分工	甲			共同讨论
	乙			
	丙			共同体验
	丁			
	戊			共同整理
	己			
邀请指导老师				
预期成果				

　　为了更好地开展研究活动，各组制订好小组研究方案后需在班里交流一下，根据大家提出的建议进行修改和完善。

2.研究过程。

感知海带的基本特征

　　我发现：

在大人的帮助下，将海带放在水里煮十分钟，你会观察到什么？

我发现：

了解海带的基本特征及构成

　　海藻的分类：

　　海带的特征：

　　　　抓住关键词，用自己的语言概括海带的特征。

通过实验，我了解到：

在报告中，我了解到：

从对医生的采访中，我了解到：

海带被称为"长寿菜"的理由：

3. 总结与反思。

我的结论

结论可以这样表达：

关于这个课题，开始我的猜想是……，经过……，我发现（我认识到）……，我得出这样的结论：

你还了解哪些海藻？请为远道而来的朋友介绍一种。

用自己喜欢的材质和表现手法，至少用上两种海藻，创作一幅有海藻元素的海底世界作品。

凉拌裙带菜	我的工作照片：
步骤：	

（续表）

海带汤	我的工作照片：
步骤：	

扮一扮

　　如果你是学校的保健医生，对于如何食用海带，请你给大家写出建议。

展示交流，分享成果

（1）举办一次课题成果交流会，小组合作，以不同的形式展示研究的成果。

（2）在学校食堂用海藻做材质，举办一次"海边人美食汇"，评选出"美食小巧手"。

◇读一读

中国海藻学研究的奠基人——曾呈奎

曾呈奎（1909—2005），男，福建省厦门人。海洋生物学家，中国海藻学研究的奠基人之一，中国科学院、第三世界科学院院士。

其主要成就：

（1）解决了有重要经济价值的紫菜、海带栽培等关键问题。

（2）首次在中国发现了原绿藻，开拓了海藻比较光合作用和进化的研究领域，推动了中国海洋水产事业的发展。

（3）建立了中国第一个海藻基因工程实验室。

第3课
鲅鱼的自述

学习目标

1.认识鲅鱼，知道鲅鱼的身体特征和生活习性。

2.知道青岛春天送丈人鲅鱼习俗的由来。

3.学会一种烹制鲅鱼的方法。

4.了解鲅鱼的生存现状，认识到环境对鲅鱼生存的重要性，发出保护环境的倡议。

5.能表述交流探究的过程及成果，能进行自我反思，能对他人的研究进行评议。

项目	1	2	3	4	5
自评	☆☆☆	☆☆☆	☆☆☆	☆☆☆	☆☆☆
小组评价	☆☆☆	☆☆☆	☆☆☆	☆☆☆	☆☆☆
教师评价	☆☆☆	☆☆☆	☆☆☆	☆☆☆	☆☆☆

情景导入

大家好！我是蓝点马鲛（jiāo），大家喜欢叫我鲅（bà）鱼。

我最近很不开心，因为我的很多同伴都被人类捕捞走了……爸爸、妈妈告诉我，青岛人又到了春天给丈人送鲅鱼的季节，我不明白他们为什么会有这样的习俗？

 **提出问题**

你想帮鲅鱼弄清这个习俗吗？你想用哪些方法来帮助它？写在下面的小金鱼上吧！

◇**论一论**

跟同伴交流一下你们的方法，看看哪些方法合适。

 研究实施 ··○

◇研一研

1. 规划方案。

研究 主题	青岛送鲅鱼习俗	研究时间	4周
研究 目标	①认识鲅鱼，知道鲅鱼的身体特征和生活习性。 ②知道青岛春天送丈人鲅鱼习俗的由来。 ③学会一种烹制鲅鱼的方法。 ④了解鲅鱼的生存现状，认识到环境对鲅鱼生存的重要性，发出保护环境的倡议。 ⑤能表述交流探究的过程及成果，能进行自我反思，能对他人的研究进行评议。		
研究 方法	①查阅资料。　②调查访问。 ③亲身体验。　④交流讨论。		
研究 步骤	①确定主题，制订计划。 ②分配任务，按分工实施。 ③整理资料，交流讨论。 ④成果展示，分享交流。		
小组 分工	组员	具体分工	共同 讨论 共同 体验 共同 整理

2.研究过程。

我来介绍鲅鱼：

青岛春天送丈人鲅鱼习俗的由来

被访问者：_____

访问时间：_____

访问总结：_____

_____

3. 总结与反思。

通过查资料，我了解到鲅鱼的生存环境不容乐观，你想知道吗？我来告诉你。

我们的倡议

我的收获

在研究过程中，我在知识、能力、环境保护和团队合作等方面都有了很大的提高，下面就来总结一下吧！

第4课
走进青岛海味小吃

学习目标

1.了解青岛海味小吃的种类与特色，品尝青岛海洋休闲食品，学会制作海草凉粉。

2.感受青岛海味小吃的种类繁多，产生对青岛海味小吃文化的浓厚兴趣，继而培养学生对家乡、对大海的热爱之情。

3.通过参观、调查、访问、探究等实践体验活动，获取有关海味小吃的海量信息，在交流、汇报探究成果的过程中立足本土，放眼世界，增进对青岛乃至国内外海味小吃的了解，树立海洋小主人意识，能为家乡的海味小吃设计提供创意。

项目	1	2	3	4	5
自评	☆☆☆	☆☆☆	☆☆☆	☆☆☆	☆☆☆
小组评价	☆☆☆	☆☆☆	☆☆☆	☆☆☆	☆☆☆
教师评价	☆☆☆	☆☆☆	☆☆☆	☆☆☆	☆☆☆

◇探一探

> 俗话说"民以食为天",本期活动我们先走进超市、市场,了解一下青岛有哪些海味小吃。

研究实施

◇访一访

采访身边人,了解青岛海味小吃的种类。

采访时间:＿＿＿＿＿＿＿＿   采访人员:＿＿＿＿＿＿＿＿

采访地点:＿＿＿＿＿＿＿＿   采访的问题:＿＿＿＿＿＿

记录:＿＿＿＿＿＿＿＿＿＿＿＿＿＿＿＿

＿＿＿＿＿＿＿＿＿＿＿＿＿＿＿＿＿＿

> 随机进行调查采访的方法:
> (1)采访对象最好事先预约。
> (2)采访的问题要预先设计、拟定。
> (3)采访时要落落大方。

◇**画一画**

画一张青岛海味小吃的名片，进行小组交流。

◇**做一做**

青岛有一种有名的海味小吃，叫海草凉粉，也叫作石花菜凉粉。

制作步骤：

（1）将75克干制石花菜浸泡30分钟。

（2）反复清洗5~6遍，去除砂砾和杂质。

（3）在锅中加入5千克清水，15毫升白醋，放入清洗干净的石花菜，开锅后，小火煮3个小时。

（4）煮好后将大块的石花菜捞出，用细筛网滤出细小的杂质。

（5）将滤出的汤汁自然冷却之后就成了凉粉，冬天用纯净水泡着可以保存3~5天。

（6）将大蒜捣成蒜泥，加入盐、味精、米醋、生抽、香油调匀。

（7）将胡萝卜、香菜、咸菜疙瘩切成细末。

（8）取适量的凉粉切成大块。

（9）将所有材料拌匀。

将自己制作的成品拍照留念吧。

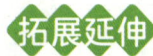

照片

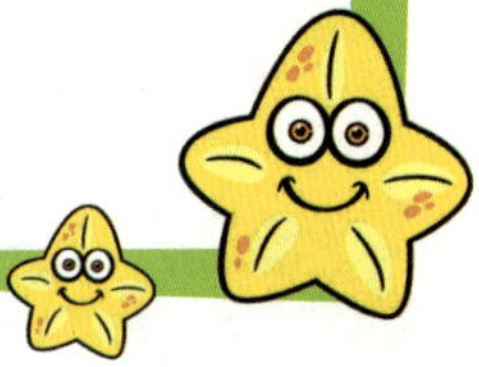

拓展延伸

查一查

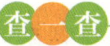

除了我们青岛有这么多美味的海味小吃外，其他城市有没有海味小吃呢？

拓一拓

现在将我们的视野再放大，到国外去搜搜海味小吃吧。

第5课
寻找消失的青岛河

学习目标

1. 通过分析案例，初步了解河流治理的相关知识，提高生态保护意识。

2. 学会并运用查阅资料、调查访谈等学习方法，分小组进行课题研究。

3. 了解河流对生活的重要性，树立爱护河流的观念，争做绿色宣传大使。

项目	1	2	3	4	5
自评	☆☆☆	☆☆☆	☆☆☆	☆☆☆	☆☆☆
小组评价	☆☆☆	☆☆☆	☆☆☆	☆☆☆	☆☆☆
教师评价	☆☆☆	☆☆☆	☆☆☆	☆☆☆	☆☆☆

◇找一找

找一找有关"德国伊萨河慕尼黑河段生态治理"的资料。

资料粘贴处

通过阅读"德国伊萨河慕尼黑河段生态治理"的资料，我们看到了伊萨河坎坷的一生，为什么它会走向消失？德国人又是怎样治理的伊萨河呢？你有什么感受？

◇提一提

我们美丽的青岛也有诸多河流，它们或川流激荡、澎湃昂扬，或悄无声息、细水长流。而随着时光的雕琢和人类活动的变更，青岛的有些河流濒临消失的绝境。它们的命运各异，有的在治理下焕发生机，有的却在无视中消失……请你观察图片组"李村河的前世今生"，找出李村河改造前后不同的地方。

李村河改造前

李村河改造后

同学们阅读完上面的材料后，肯定会有不同的问题。请在下面横线上写出你的问题。

与同伴们交流自己提出的问题，看看是否有志同道合的研究者，组成小组共同探讨。如果没有合作伙伴，可以邀请老师、家长或者其他人一起研究。

研究实施 ○·····················○

 **老师的话**

　　同学们：大家能够对自己感兴趣的问题进行研究，老师为你们点赞。在这里老师以"为什么李村河会面目全非"为例，给大家提供一些探究实践活动的建议。大家可以按照自己的研究课题去探究。

小组成员	共同研究的问题： 为什么李村河会面目全非？	指导教师

◇猜一猜

我的猜想：

我猜想李村河历史悠久，疏于管理，加上人为的环境破坏，使李村河遭受严重的破坏和污染。

猜想的理由：

我是通过新闻报道、图片推测的，以及听长辈们讲起的有关李村河的故事。

◇研一研

1. 规划方案。

研究课题	为什么李村河会面目全非？		研究时间	6周
研究目标	①了解李村河的悠久历史，明白李村河在青岛市的重要作用。 ②找出李村河遭受污染和破坏的原因，时刻警醒自己。 ③感受李村河改造前后的不同，学习河道治理的相关知识。 ④倡议、宣传保护河流的基本做法，带动家人、带动身边人、带动社会上的每一个人，共同爱护我们的河流。			
研究方法	①查阅资料。　②调查访问。　③实地参观考察。			
研究步骤	①确定主题，制订计划。　②分配任务，分工实施。 ③整理资料，形成成果。　④展示成果，分享交流。			
组员分工	甲			共同讨论
	乙			
	丙			共同体验
	丁			
	戊			共同整理
	己			
邀请指导人员				
预期成果				

　　为了更好地开展研究活动，各组制订好小组研究方案后，需在班里交流一下，再根据大家提出的建议进行修改和完善。

　　2.研究过程。

查阅李村河历史资料

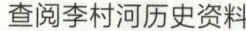

查一查

找一找

　　在探究的过程中，有时我们不可能有机会参与现场活动。但是我们可以去采访那些亲身参与活动的人。我们可以对他们进行采访，了解第一现场的情况。

如何做好采访

（1）采访之前要设计好采访记录表，确定好拟采访的问题。

（2）采访中能真实详细地记录下采访人的回答，如果有不清楚的地方，可以有礼貌地请被采访者重述，以补充记录。

（3）为了全面详细地举例采访内容，小组成员可以采取不同的方式进行记录，如可以笔录，也可以经被采访人允许，借助录音笔、录音机、摄像机等进行记录。

（4）采访后，要及时整理采访资料。

李村河的故事采访记录单

采访时间			采访地点	
采访者		所在班级	指导教师	
采访主题				
采访对象	工作单位：			
	联系方式：			
拟采访的问题	在您的印象里，李村河在改造前是什么样子的？ 改造前的李村河为什么会出现这些问题呢？ 您觉得改造后的李村河怎么样？对生活有哪些影响？			
采访方式（面对面、电话、视频、邮件等）				

（续表）

采访准备	
采访记录：	
采访效果： （有、无帮助）	

3. 总结与反思。

在我们的城市中，不仅有高大巍峨、金碧辉煌的高楼大厦和琼楼玉宇值得被珍惜，还有更重要的生态环境需要我们去守护。

岁月的长河川流不息，那些静静流淌的河流默默地为我们的生活做着贡献，他们那么不显眼却又必不可少。或许我们不经意间的做法伤害到了它，它却无力反抗，令人心痛、惋惜。

饮水思源。每个人都有保护环境的义务，都有爱护河流的责任。今天的李村河旧貌换新颜，更需要每一个人去守护、去爱护我们的青岛河——李村河。

我的考察记录

参观李村河，写出倡议书。

我们的倡议

小组成员实地参观现在的李村河，捡起河边的垃圾，为李村河拍摄一张美丽的照片、写出倡议书分发给身边人。

汇报成果

我的摄影作品

第6课
揭开丝路小镇的面纱

1. 初步了解青岛与"海上丝绸之路"的渊源。
2. 通过多种方式搜集资料，揭开丝路小镇的面纱。

项目	1	2	3	4	5
自评	☆☆☆	☆☆☆	☆☆☆	☆☆☆	☆☆☆
小组评价	☆☆☆	☆☆☆	☆☆☆	☆☆☆	☆☆☆
教师评价	☆☆☆	☆☆☆	☆☆☆	☆☆☆	☆☆☆

◇读一读，提问题

　　青岛与丝路有缘，缘已千年。作为古代"海上丝绸之路"的起航地，胶州湾的板桥镇"人烟市井，交易繁华"，是整个胶东半岛最重要、最繁忙的古港口。千年来，满载丝绸、瓷器、茶叶等珍贵货物的船队从这里出发，驶向世界。

　　据资料记载，胶州湾在2500年前已有航海活动。长期以来，板桥镇就以海运便利久负盛名。唐朝的使臣经常由此前往高丽、新罗等国。高丽和日本的商贾、使臣、僧侣等，也由此进入中国内地，进行经济文化往来。五代割据时期，板桥镇与南方的海上贸易依然往来频繁。宋代以后，北方的西夏、辽、金不断南侵，宋采取守内虚外的政策，封闭了山东半岛北部的登州、莱州海口。那时，属密州管辖的板桥镇更成为当时北方唯一的海口要地，到北宋中期一跃成为全国著名的五大贸易港口之一。

同学们在阅读完上面的材料后，肯定会有不同的问题。请在下面的帆船里写出你的问题。

问题可以用"是什么""为什么"来提问。

与同伴们交流自己提出的问题，看看是否有志同道合的研究者，小组共同探讨。如果没有合作伙伴，可以邀请老师、家长或者其他人一起研究。

小组成员

共同研究的问题：

指导教师

老师的话

　　同学们，大家能够对自己感兴趣的问题进行研究。老师为你们点赞。在这里老师以"为什么板桥镇是整个胶东半岛最重要、最繁忙的古港口"为例，给大家提供一些探究实践活动的建议，大家可以按自己的研究课题去探究。

研究实施

为什么板桥镇是整个胶东半岛最重要、最繁忙的古港口？

◇猜一猜

我的猜想：板桥镇是整个胶东半岛最重要、最繁忙的古港口。

猜想理由：

（1）上面提供的材料让我们知道，作为古代"海上丝绸之路"的起航地，板桥镇"人烟市井，交易繁华"，是整个胶东半岛最重要、最繁忙的港口，满载丝绸、瓷器、茶叶等珍贵货物的船队从这里出发，驶向世界。

（2）据史料记载，板桥镇建于公元623年（唐代武德六年）。由于板桥镇独

特的地理位置，唐代板桥镇的海运和海外贸易已初具规模，但在北方海港中的地位尚不及登州和莱州。到了宋代，板桥镇港在全国海港中的地位发生了重要变化，因宋辽对峙，北宋政府明令，禁止海船入登州、莱州港，板桥镇自然占据了北方最大海港的优势，成为北宋时期我国五大通商口岸之一，也是北方唯一的海关重镇。公元1088年（宋哲宗元祐三年），板桥镇设置了市舶司，同时设海军使，来管理港航、征收税钞、鼓励贸易往来和保护外商外侨等。之后，板桥镇设军，成为一个军事重镇，这也为板桥镇进入极盛时期创造了历史条件。

◇研一研

1.规划方案。

研究课题	揭开丝路小镇的面纱	研究时间	10周
研究目标	①通过网络和报刊书籍了解青岛与"海上丝绸之路"的渊源。 ②在家人的陪伴下，到板桥丝路文化园参观，充分挖掘板桥镇历史文化资源，揭开丝路小镇的面纱。 ③用绘本的表现手法，画一幅板桥丝路小镇的图谱。 ④用流畅和简练的语言，与小组成员共同合作交流探究的过程以及取得的成果，提高自己的表达与合作能力；同时，能合理地反思，给自己与他人正确的评价。		
研究方法	①查阅资料。　②调查访问。　③听报告和讲座。		
研究步骤	①确定主题，制订计划。　②分配任务，按分工实施。 ③整理资料，制作PPT。　④展示成果，分享交流。		

（续表）

研究课题	揭开丝路小镇的面纱	研究时间	10周
组员分工	甲		
	乙		
	丙		
	丁		
	戊		
	己		
邀请指导老师			
预期成果			

为了更好地开展示研究活动，各组制订好小组研究方案后，需在班里交流一下，再根据大家提出的建议进行修改和完善。

2.研究过程。

通过网络和书籍了解青岛与"海上丝绸之路"的渊源。

读一读

我发现：

逐渐揭开丝路小镇的面纱

板桥丝路小镇是古代"海上丝绸之路"的重要节点。

到板桥丝路文化园参观，了解板桥丝路文化。

3. 总结与反思。

梳理过程，得出结论

我的结论

结论可以这样表达：

关于这个课题，开始我的猜想是……，经过……，我发现（我认识到）……，我得出这样的结论：

拓展活动，深入了解

以绘本的形式，画一幅板桥丝路小镇的图谱。

读一读

了解"海上丝绸之路"的历史地位	我的工作照片：

第7课
徐福东渡之谜

 **学习目标** . . . .

1.初步了解海市蜃楼的形成原因。

2.通过查阅资料、实地参观、参观访问等多种方式搜集资料，揭开徐福东渡之谜。

项目	1	2	3	4	5
自评	☆☆☆	☆☆☆	☆☆☆	☆☆☆	☆☆☆
小组评价	☆☆☆	☆☆☆	☆☆☆	☆☆☆	☆☆☆
教师评价	☆☆☆	☆☆☆	☆☆☆	☆☆☆	☆☆☆

◇**读一读，提问题**

公元前219年（秦始皇28年），秦始皇第二次出巡，大队人马在泰山封禅刻石，又浩浩荡荡前往渤海。抵达海边，秦始皇登上芝罘岛，纵情游览。只见云海之间，山川人物时隐时现，蔚为壮观，令秦始皇心驰神往。这种景象，本来是海市蜃楼，但方士为迎合秦始皇企望长生不老的心理，将其说成传说中的海上仙境。徐福等方士上书，说海中有"三神山"，于是，秦始皇便"发童男女数千人，入海求仙人"。秦始皇派出一支多达三千人的庞大船队，去探求"三神山"。

徐福东渡，在2000多年前是空前的壮举。但由于徐福第二次扬帆东渡一去不归，致使这一航海事件蒙上了神秘色彩。

同学们在阅读完上面的材料后，肯定会有不同的问题。请在下面的帆船里写出你的问题。

问题可以用"是什么""为什么"来提问。

与同伴们交流自己提出的问题，看看是否有志同道合的研究者，小组共同探讨。如果没有合作伙伴，可以邀请老师、家长或者其他人一起研究。

小组成员	共同研究的问题：	指导教师

🐚 **老师的话**

　　同学们，大家能够对自己感兴趣的问题进行研究，老师为你们点赞。在这里老师以"为什么徐福第二次扬帆东渡一去不归"为例，给大家提供一些探究实践活动的建议，大家可以按自己的研究课题去探究。

研究实施

为什么徐福第二次扬帆东渡一去不归？

◇**猜一猜**

我的猜想：我猜想徐福不敢回来，徐福第二次航海时去了日本。

猜想理由：

（1）上面提供的材料让我知道秦始皇派出了一支多达三千人的庞大船队，去探求"三神山"，而"三神山"这种景象，只是海市蜃楼。

（2）根据《史记·淮南衡山列传》而得知的。因为在《史记·淮南衡山列传》中称，徐福第二次航海时，诈称仙人索取"百工之事"，遂"资之五谷种种百工而行"。据此推断，徐福有可能走的仍是上次的旧航路。由此得知徐福二渡日本，带去了古代中国的"百工之事"，如汉字、中草药和水稻种植等许多文化和科学技术。

◇研一研

1. 规划方案。

研究课题	为什么徐福第二次扬帆东渡一去不归		研究时间	10周
研究目标	①初步了解海市蜃楼的形成原因。 ②通过查阅资料、实地参观、参观访问等多种方式搜集资料，揭开徐福东渡之谜。			
研究方法	①查阅资料。　②调查访问。 ③听报告和讲座。　④角色体验。			
研究步骤	①确定主题，制订计划。　②分配任务，按分工实施。 ③整理资料，制作PPT。　④展示成果，分享交流。			
组员分工	甲			
	乙			
	丙			
	丁			
	戊			
	己			

（续表）

研究课题	为什么徐福第二次扬帆东渡一去不归	研究时间	10周
邀请指导老师			
预期成果			

为了更好地开展研究活动，各组制订好小组研究方案后需在班里交流一下，再根据大家提出的建议进行修改和完善。

2. 研究过程。

海市蜃楼的形成原因

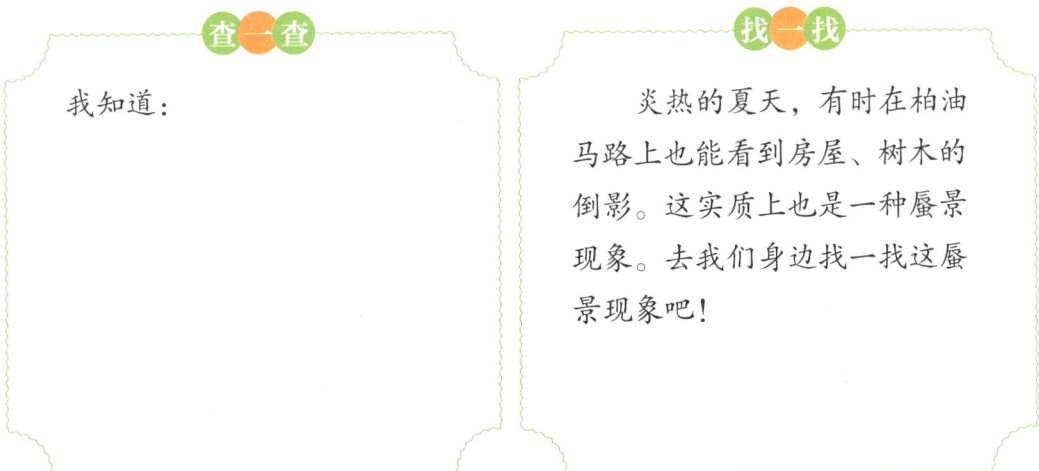

查一查

我知道：

找一找

炎热的夏天，有时在柏油马路上也能看到房屋、树木的倒影。这实质上也是一种蜃景现象。去我们身边找一找这蜃景现象吧！

徐福东渡一去不归的原因

 查一查

渡海的基本条件：

 访一访

徐福究竟是从什么地方出发？

 写一写

徐福东渡航线是哪一条？

 议一议

徐福第二次航海去了日本的理由：

3. 总结拓展。

结论可以这样表达：

关于这个课题，开始我的猜想是……，经过……，我发现（我认识到）……，我得出这样的结论：

以绘本的形式，揭开徐福东渡之谜。

小小航海家体验之旅	我的工作照片：
航海体会：	

第8课
神奇的海水

1.通过交流、图片欣赏、资料阅读，初步了解海水与人类在生产、生活方面息息相关；初步了解人类利用高科技开发海水的技术，感受科技的发达、海水的神奇。

2.初步探索了解简易的海水淡化装置，并通过漫画创作，展开想象，描绘未来海洋的开发，激发学生探索海洋开发的兴趣。

3.树立学生的海洋开发意识，初步培养学生热爱海洋、保护海洋的情感。

项目	1	2	3	4	5
自评	☆☆☆	☆☆☆	☆☆☆	☆☆☆	☆☆☆
小组评价	☆☆☆	☆☆☆	☆☆☆	☆☆☆	☆☆☆
教师评价	☆☆☆	☆☆☆	☆☆☆	☆☆☆	☆☆☆

◇读一读，提问题

我们的地球

地球表面大部分被海水覆盖。海洋的面积约有3.62亿平方千米，约占地球表面积的71%。陆地面积只占29%，海洋的总面积差不多是陆地面积的2.5倍。

我们生活在海边，海水一直伴随着我们的生活。海水有哪些方面与我们的生活息息相关呢？

同学们对海水的作用了解得真多。海水和我们的生活、生产、娱乐、体育等息息相关。对于这些作用你有什么问题呢？

与同伴们交流自己提出的问题，看看是否有志同道合的研究者，小组共同探讨。如果没有合作伙伴，可以邀请老师、家长或者其他人一起研究。

小组成员	共同研究的问题：	指导教师

老师的话

　　同学们：大家能够对自己感兴趣的问题进行研究，老师为你们点赞。在这里老师以"海水淡化"为例，给大家提供一些探究实践活动的建议，大家可以按照自己的研究课题去探究。

研究实施

　　地球是一个蓝色星球，因为其表面积的71％被水覆盖。但事实是，这其中97％以上的水为海水，淡水仅占3％还不到。这其中近70％的淡水被固定在南北极和格陵兰岛的冰层中，其余多为土壤水分或深层地下水，不能被人类利用。地球上只有不到1％的淡水可以被人类直接利用，主要分布在湖泊、河流、水库和浅层地下水中。

　　我国属于贫水国，人均淡水资源还不到世界人均量的一半。淡水资源不足已经成为人们日益关注的问题。

　　◇猜一猜

　　目前最有效的解决淡水资源匮乏问题的方法是什么？

假如你到了海边，非常渴，但是又没有淡水，你如何利用有关材料，从海水中提取饮用水？

◇**画一画**

发挥想象，制作出简单的海水淡化装置，画下来，并说明理由。

（材料：水桶、塑料薄膜、木棒、杯子、柴火。）

知识链接

　　反渗透法：通常又称超过滤法，是1953年才开始采用的一种膜分离淡化法。该法是利用只允许溶剂透过、不允许溶质透过的半透膜，将海水与淡水分隔开的。在通常情况下，淡水通过半透膜扩散到海水一侧，从而使海水一侧的液面逐渐升高，直至一定的高度才停止，这个过程为渗透。此时，海水一侧高出的水柱静压被称为渗透压。如果对海水一侧施加一个大于海水渗透压的外压，那么海水中的纯水将反渗透到淡水中。反渗透法的最大优点是节能，它的能耗仅为电渗析法的1/2，蒸馏法的1/40。

◇访一访

　　我们实验的这种海水淡化的方法很简单，但是产量很小，根本满足不了我们的生活需求。那么，该怎么去解决日益增长的淡水需求呢？需要我们利用科技的力量以及规模化的海水淡化系统。

　　让我们走进海水淡化工厂或者海水淡化实验室。

记录下你的发现

在我们的日常生活中，淡水资源的用途非常广泛，除了生活饮用外，还被工业、农业等各个领域所需要。

◇**查一查**

世界各国对海水资源的新开发。

小提示：随着科技的发展，海水的潜能被人类更多地发掘。比如：海水直接利用技术、海水空调、海水蔬菜种植大棚、流化冰……

随着科技的进步，对海水利用的范围不断扩大，不同行业都从海水中挖掘出"宝藏"，造福人类。海水的很多用处都是我们平时不敢想的，但却通过人类的智慧慢慢地变成了现实。未来，人类对海水的利用之路还会更加广阔。

同学们，让我们插上想象的翅膀，拿起你手中的笔，描绘一下，海水还有可能在哪些方面为人类所用？

我是海边人

WOSHIHAIBIANREN

项目式学习活动手册

吕晴 编著

高年级

中国海洋大学出版社

·青岛·

图书在版编目（CIP）数据

我是海边人.3,项目式学习活动手册 高年级 / 吕晴编著.—青岛：中国海洋大学出版社,2021.11
ISBN 978-7-5670-3021-3

Ⅰ.①我… Ⅱ.①吕… Ⅲ.①海洋学—小学—教学参考资料 Ⅳ.①G624.453

中国版本图书馆CIP数据核字（2021）第242361号

出版发行	中国海洋大学出版社
社　　址	青岛市香港东路23号　　　　邮政编码　266071
出 版 人	刘文菁
网　　址	http://pub.ouc.edu.cn
电子信箱	502169838@qq.com
订购电话	0532-82032573（传真）
责任编辑	由元春　　　　　　　　　　电　　话　15092283771
印　　制	青岛国彩印刷股份有限公司
版　　次	2023年2月第1版
印　　次	2023年2月第1次印刷
成品尺寸	185mm×225mm
总 印 张	11.25
总 字 数	180千
印　　数	1~1000
总 定 价	98.00元

（全三册）

前 言

  "我是海边人"是青岛金门路小学于2017年10月启动的一个有关海洋学习的活动主题。我们之所以采用这个主题，是因为这个主题透着一种青岛人作为海边人的自豪感。

  是的，青岛人的性格总是与大海联系在一起，诸如博大、包容、坚毅、开放等。那么，如何把这种性格品质传承下去？这是我们生活在海边的基层教育工作者必须要思考的问题。因为我们清楚，虽然我们的学生从小就生活在海边，从小身上就带有一种"海腥"的味道，但对于生活中"原生色"的海，他们也许不是那么熟悉和真正了解。

  生活在青岛的人不一定是真正的海边人。真正的海边人至少要有这样的特质：

  1.应知海。作为一名海边人，如果不能随口说出几样海菜，不能脱口而出几种海鱼，不能一眼认出几种贝类，不能清楚记得赶海的日子等，那怎能称为"海边人"？

  2.乐探海。我们常说"知之深则爱之切"，不探就不知。作为海边人一定要对大海充满好奇，喜欢探索大海的奥秘，喜欢研究"鹦鹉螺"号潜水艇，喜欢追随"大洋一"号的旅程，喜欢跟随"蛟龙"号沉潜，喜欢研究海

洋军事……总之，大海给了我们美丽的憧憬和无限的向往。

3. 要亲海。海是大自然馈送给青岛最珍贵的礼物。海让整个城市弥漫着"海的味道"，各种海鲜，已成为海边人舌尖上的常客，成为招待远方朋友的惯用美食，成为海边人餐桌上离不开的食物。其实，青岛人的亲海还表现在驰名中外的大品牌都以"海"字当头，如海信、海尔；大的国有企业名称都带有"海"字，如海润自来水集团、海丰国际航运集团，就连海牛足球队都少不了一个"海"字。

4. 善学海。海一直熏染着傍海而居的青岛人。你会发现真正的海边人，举手投足之间都诠释着正义、豪放、包容、坚韧、拼搏……真正的海边人其实已与海融为一体了，他们的骨子里镌刻着深深的"海"字。

5. 能强海。作为海边人必须有强海的意识。我们知道"海洋是高质量发展战略高地"，作为海边人从小就要种下强海的梦想，学会保护海、开发海、利用海，让强海梦掷地有声。

那么，如何擦亮孩子们身上这些海边人的特质？毋庸置疑，抵达目标的途径有很多，但是我们选择了以问题驱动教学法的研究为载体，来推进孩子们的成长。之所以选择这种学习方式，是因为解决问题的能力是学生基于当下、适应未来发展的最重要的能力。我们期望学生们能在真实问题的解决中，激发探究的兴趣，强壮"思考肌"，提高自己解决问题的能力，拥有海的美好品质。同时，青岛市金门路小学的办学理念就是"致良知，爱世界"，它倡导孩子们在知行合一的实践中热爱海洋，热爱家乡。

《我是海边人》项目式学习活动手册根据学生年龄特点分为低、中、高三册，每册包含八个探究主题。每个项目活动通过不同的情境创设，引导学生提出问题：基于研究的问题，学生依据自己的判断，进行大胆的猜想

与假设；随后学生根据问题的研究方向分组并制订计划；然后借助"查一查""找一找""画一画""做一做""议一议""访一访"等不同的参与和实践方式，解决真实世界的问题；最后进行评价。在问题的解决中，学生会涉猎海洋生物、海洋现象、海洋历史、海洋文学、海洋战争、海洋经济等多方面的学习内容；在问题的解决中，学生会把各学科学到的知识、技能、方法、策略迁移应用到探究学习中；在问题的解决中，学生们会了解城市的非物质文化遗产，了解城市的文化风俗；在问题的解决中，学生们会学会独立担当与团队合作。孩子们在项目的实施过程中，总是会遇到或多或少的困难，但是我们相信这些困难都会在孩子们的坚持、努力、开放、合作中迎刃而解。

《我是海边人》项目式学习活动手册，是青岛金门路小学在海洋教育中的一次主动而大胆的实践探索。之所以主动探索，那是源于我们对海洋、对家乡的热爱，源于我们对孩子们的爱、对教育的爱；因为爱，所以内生了许多的力量和胆气。我们知道它并不完美，但是我们相信它可以在实践中走向完美。期望我们在一次次的践行中、一次次的思考中，让魅力之蓝融化在骨子里、血液中，成为有深意的、真正的海边人。

目 录
CONTENTS

第1课
"鹦鹉螺"号的演变

学习目标

1.学习用寻读法阅读名著，培养学生养成良好的阅读习惯，激发学生课外阅读的兴趣。

2.在书中探寻"鹦鹉螺"号的特点，理解科幻小说的科学性和幻想性等特点。

3.了解现实中的"鹦鹉螺"号核潜艇，感受科技发展的轨迹。

4.激发学生热爱科学、向往探险的热情，鼓励学生大胆想象。

阅读学习

◇读一读

　　《海底两万里》是法国作家儒勒·凡尔纳创作的长篇小说，是"凡尔纳三部曲"（另两部为《格兰特船长的儿女》和《神秘岛》）之一。

　　该小说主要讲述了博物学家阿龙纳斯、其仆人康塞尔和鱼叉手尼德·兰一起随"鹦鹉螺"号潜艇船长尼摩周游海底的故事。

◇找一找

　　　利用寻读法去文中找出描述"鹦鹉螺"号潜艇的语言

　　寻读法，即先读题，然后带着问题或者题干中的关键词去快速阅读文章，以求在短时间内准确找到我们所需要的信息。

小提示：带着问题或关键信息，到文中找到关键信息所在的相关位置，进行信息定位。

记录一下书中对于"鹦鹉螺"号潜艇介绍的语句

第_____页：_____

_____

第_____页：_____

_____

第_____页：_____

_____

◇写一写

"鹦鹉螺"号潜艇的特点

（1）坚硬如铁的双层艇体，有着无穷的机械动力，不必担心爆炸和火灾，更不必担心碰撞和解体。

（2）_____。

（3）_____。

（4）_____。

研究实施 ·······················○

◇画一画

"鹦鹉螺"号航行路线

根据以上信息，画一艘你心中的"鹦鹉螺"号潜艇。（一副外观图，一副内饰图。）

（外观图）

（内饰图）

◇读一读

了解现实中的"鹦鹉螺"号核潜艇

　　"鹦鹉螺"号核潜艇是美国海军隶下的一艘核潜艇，是世界上第一艘核潜艇，也是第一艘从水下穿越北极的潜艇。

　　"鹦鹉螺"号核潜艇问世的意义在于，开创了应用核动力之先河，潜艇技术由此进入了又一个新纪元，具有不可估量的巨大价值。它的政治与军事意义是深远的，因此被认为是现代潜艇技术发展过程中的重要里程碑之一。

　　"鹦鹉螺"号核潜艇的命名是为了纪念儒勒·凡尔纳小说《海底两万里》中的"鹦鹉螺"号潜艇。其于1952年6月14日在美国通用电船公司开工建造，1954年1月21日下水，1954年9月30日服役，1980年3月3日退役，之后经过改装在美国格罗顿潜艇部队做博物馆展览用。

你还上网了解哪些关于"鹦鹉螺"号核潜艇的信息？

_____

_____

_____

◇查一查

了解一下书中哪些
想象变成了现实?

书中描述	现实场景	我的感受

拓展: 你还了解哪些人
类的想象也变成了现实呢?
与同伴分享一下吧。

 自我评价 ···○

《"鹦鹉螺"号的演变》研究评价表

研究小组：   填表日期：

评价项目	评价内容	自评	他评
阅读	认真阅读书籍，并能独立完成相关问题		
链接	将书中的想象与生活联系起来，做好记录		

第2课
为了这片蔚蓝色的深情

1.了解海洋保护现状以及中国的海洋保护举措，了解青岛金门路小学是蓝丝带海洋保护协会的一员，明白海洋保护与我们的生活密切相关。

2.通过一系列活动，引起学生对海洋保护的关注和参与，树立热爱海洋、保卫海洋的意识，唤起学生的海洋情怀。

3.通过合作、探索、体验等活动方式，促进学生海洋素养和综合能力的发展。

◇想一想

21世纪是海洋的世纪。随着陆地资源越来越贫乏，不再能够满足人们日益增长的资源需求，发展海洋经济，对我国经济的发展有着非常重要的作用。但是海洋经济在不断增长的同时，海洋也在不断遭受污染，环境质量明显下降。

通过你平时的观察，你了解到青岛这片海的保护现状是怎样的？作为一名小学生，关于海洋保护，我们能做些什么？

◇组一组

根据共同的研究方向，我们组成一个研究小组。

我们的小组成员分别是：_____

_____

我们研究的方向是：_____

_____

可选择研究方向：我国的海洋保护现状、海洋保护举措，世界各国的海洋保护举措……

◇查一查

我搜集的资料

◇做一做

根据我们搜集的资料，我们小组制作了一段宣传片。

> 格式工厂是一个很好用的视频、音频剪辑工具，同时还可以进行图片、声音的汇编，形成一段视频。

> 录屏软件可以将你制作的PPT加上你的声音，制作成一段视频哦。

> 还有许多工具都可以帮助你。如果有困难你也可以有多种解决方案哦！

以自由讨论的形式，分享各个小组的资料。

看了其他小组的资料，我印象最深刻的是：

_____

_____

_____

_____

知识链接

"蓝丝带"

"蓝丝带"全称蓝丝带海洋保护协会（简称蓝丝带协会），2007年6月1日在中国三亚市成立，具有法人地位。蓝丝带协会是全国首家以海洋环保为主题的民间公益社会团体。蓝丝带协会宣传贯彻海洋环境保护政策法规，提高全民海洋保护意识，建立相关海洋保护举措，组建志愿者队伍，以促进海洋保护科研为工作目标。

"蓝丝带"：代表了感恩、鼓励、关怀和爱。

愿景：创建海洋保护国际组织，组成全球海洋保护大联盟。

使命：团结一切可以团结的力量保护海洋。

核心价值：保护海洋就是保护我们自己。

青岛金门路小学自2018年成为蓝丝带协会中的一员。我们每个青岛金门路小学的成员都是"蓝丝带"志愿者。

◇论一论

保护海洋，我们能做什么？

形成我们小组的《海洋保护公约》

我在公约上郑重签字，一定会按照公约上的内容要求自己。

签名：

　　"我爱这片蓝色的海洋，不只是因为大海是我的故乡，大海的温柔让我学会善良，不见天上那云，总是悠然的模样。"这片美丽的海域是我们共同的家，这片蔚蓝色是每个青岛人心中最美的梦想。走进这片蔚蓝，触摸这片蔚蓝，守卫这片蔚蓝，为了这片蔚蓝色的深情，我们一直在路上。

 **延伸活动** ....○

1."蔚蓝海洋我守护"环保宣传活动。

以小组为单位,动手创作海洋知识小报。走进社区、街道、海边,向居民发放自己制作的环保知识单页,向居民宣传海洋环保知识,在宣讲过程中更好地树立关爱海洋的观念。

2."蔚蓝海洋我守护"海滩清洁活动。

以小组为单位,到台湾路沙滩、石老人沙滩等地,开展海滩清洁等环保活动。近距离地接触海洋,感知海洋环境污染给海洋带来的侵害之痛;指导学生识别垃圾的源头,提高对海岸清洁意义的认识;树立关爱海洋的观念,从而投入保护海洋环境的实际行动中来。

我的行动记录

_____

_____

_____

_____

自我评价 · ○

《为了这片蔚蓝色的深情》研究评价表

研究小组：　　　　　　　　　　　　　填表日期：

评价项目	评价内容	自评	他评
课题	积极参与课题研究，做好自己的任务，同时能积极配合小组其他成员		
实际行动	能在延伸活动中积极参与，亲身体会，从自我做起，从小事做起，保护海洋		

第3课
推演天后宫的选址

 学习目标

1.通过观看小视频，对天后宫的选址提出有价值的问题，制订活动计划表。

2.通过查阅资料，学会记录相关的研究内容，了解青岛由渔村向城市演变的发展历史，了解青岛天后宫的由来及作用。

3.通过小组合作研究及走访、参观等形式，揭开天后宫选址的秘密。

4.通过对研究成果的宣传，让更多人初步了解青岛海洋的发展概况，打造青岛旅游新名片。

◇说一说

说一说你在青岛看见过天后宫吗？你看到了什么？有什么感受？

◇**问一问**

这是青岛一个美丽而又神奇的海边建筑——天后宫，至今已经存在了500多年。它的历史比青岛这座城市还要久远，历经两次世界大战依然被保存了下来。

青岛天后宫的存在有什么意义呢？为什么要在海滨建造这样的建筑呢？你有什么疑问？想了解些什么呢？可将你的问题写在天后宫下面。

小提示：你可以从天后宫建造的原因、建造的目的、建造的特点几个方面来思考。

利用思维导图梳理主要研究问题

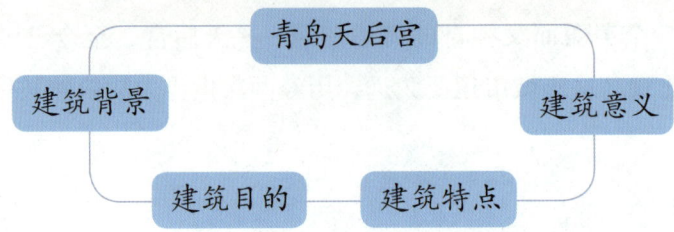

青岛天后宫选址
为什么在海边?

猜想就是
凭空想象吗?

◇猜一猜

我的猜想：（1）一定与大海有关。

　　　　　（2）一定是有特殊的含义。

猜想的理由：_____

_____

猜想要有一定的依据：

　　（1）要根据现实生活中的观察有根据地进
行猜想。

　　（2）可以根据对天后宫的了解进行猜测。

◇探一探

1.共同制订研究计划表。

2.印证我们的猜想。

课题研究计划表

年级　　　班　　　组（队）

课题名称	揭开天后宫选址的秘密		
研究目标	①查找所研究问题的相关资料，筛选有价值的资料进行整理，对天后宫有初步认识。②我国哪些地方有天后宫（查资料）？发现它们的共同点。③研究我国其他天后宫所在的地理位置，找出相似之处，得出结论（想一想、议一议、说一说、写一写）。④根据自己的了解，在老师、同学、家长的帮助下制作天后宫宣传卡，向更多的人宣传，打造青岛旅游新名片。		
研究方法	①查阅资料。　②调查访问。③参观走访。　④动手制图。		
组长、组员		指导教师	
活动时间	月　　日——　月　　日		
具体活动安排①任务分工。②活动步骤，阶段目标，具体任务，所需时间，具体负责人。③所需条件。	研究问题	活动过程及时间安排	分工
活动成果呈现形式（可多选）	①研究报告。　②幻灯片。③手抄报。　④导游解说。⑤设计宣传名片。　⑥其他：_____。		

制订好研究方案后，指导教师与同学共同交流，提出修改建议。

3. 总结与反思。

研究成果交流与展示

（1）建筑背景组：找到中国地图，根据查找的资料在上面进行圈注标画，小组共同分析研究得出选址结论，制作成PPT向其他小组汇报展示。

（2）建筑目的组：查找我国相关天后宫的种类和特点的资料图片，完成表格，向其他小组展示汇报。

（3）建筑特点组：通过实地走访、参观，画出青岛天后宫的结构图，配上导游词，向其他小组展示汇报。

（4）建筑意义组：通过参观青岛档案馆、参考青岛市志，写出有关天后宫的历史及存在意义的研究报告，向其他小组展示汇报。

汇报文稿粘贴处

天后宫选址的秘密你解开了吗？ 这次研究活动中，你的收获是什么？请写下来吧！

4.拓展活动。

制作天后宫宣传名片

 自我评价 ···○

《 推演天后宫的选址 》研究评价表

研究小组：　　　　　　　　　　　　　　　　填表日期：

评价项目	评价内容	自评	他评
课题	积极参与课题研究，做好课题计划，并按照计划实施		
汇报展示	能在汇报展示中积极参与，能够做到讲话清楚、有条理，语言简洁、流畅，语态自然，仪表端庄		

第4课
唐岛湾的硝烟

学习目标 .... ◦

1.通过新闻播报和问题卡片这两种形式，对唐岛湾的硝烟提出有价值的问题，制订研究计划表。

2.通过搜集整理资料，了解发生在唐岛湾的古代战争历史、重大意义及情况，了解唐岛湾发展历程及发展趋势。

3.通过社会实践等活动，进一步对唐岛湾的历史进行研究。

4.通过动手制作等技能指导，让学生完善研究成果手册，进一步感受唐岛湾发展的重要意义及作用所在，感受它在青岛市经济、政治地位中的不断提升。

5.通过对所研究的成果进行宣传，让更多的人去了解现在的唐岛湾，了解它对青岛发展的意义，激发学生对区域发展的研究激情。

◇**看一看**

观看唐岛湾的俯瞰风光片，大家知道这是哪里？你从哪里看出来的？

唐岛湾的地标建筑和海岸风景

◇谈一谈

谈谈观看视频后的感想。

改革开放以来，青岛市的经济技术开发区设在胶州湾西海岸的新城区，而胶州湾西海岸崛起的唐岛湾和唐岛如同老市区的青岛湾和小青岛，成了如今人们休闲、度假、观光的胜地。

◇想一想

新闻链接

　　唐岛和唐岛湾形成了一处优美的港湾，"唐岛晚钓"曾被列为薛家岛（今凤凰岛）八景之一。前不久，有人还在这里发现了古代兵器。

　　我们的研究，对于了解青岛市的历史和发展有着重要的意义。那围绕着唐岛湾的硝烟，可以分为哪些研究内容呢？

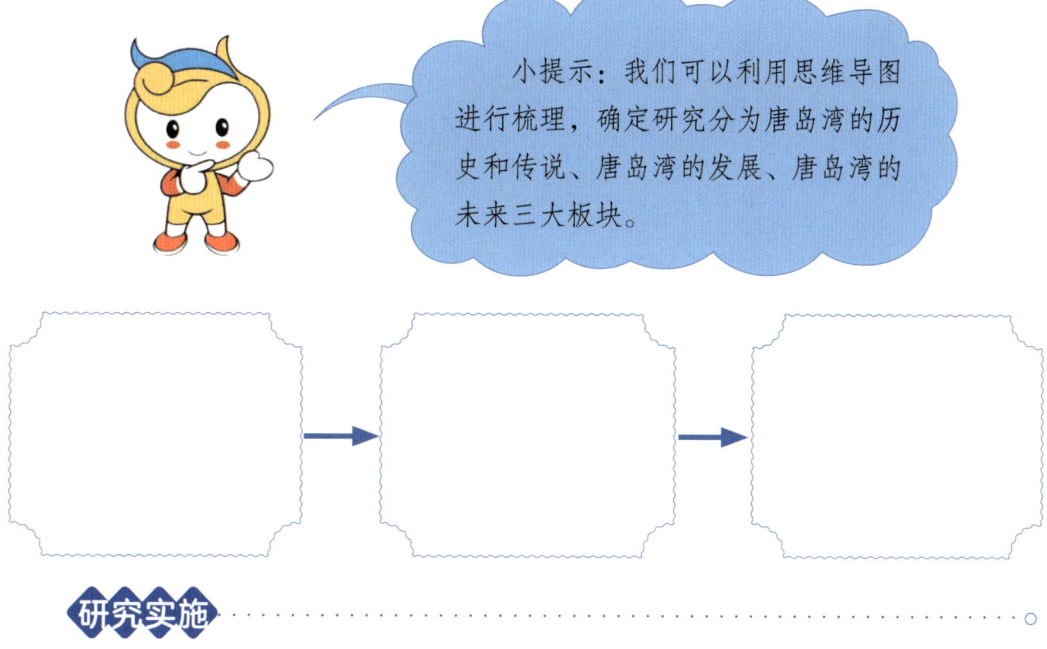

小提示：我们可以利用思维导图进行梳理，确定研究分为唐岛湾的历史和传说、唐岛湾的发展、唐岛湾的未来三大板块。

研究实施 .... ○

◇问一问

各小组根据兴趣选择研究内容，确定小组名称和研究课题。把想要研究的问题写在问题卡片上。

小组名称	
研究子课题	
问题1	
问题2	
问题3	

讨论交流，小组研究方向是：_____

◇猜一猜

那场战争的原因
是什么？结果如何。

唐岛湾过去是什么样
子？发现古代兵器的原因。

猜想的理由：_____

_____

_____

我的猜想：

_____

_____

_____

◇探一探

1.讨论在确定了研究内容后我们应该如何开展研究。

2.共同制订研究计划表。

课题研究计划表

年级　　班　　组（队）

课题名称	唐岛湾的硝烟		
研究目标	①查找所研究问题的相关资料，筛选有价值的资料进行整理，对唐岛湾当年的战争有初步认识。 ②拜访青岛大学相关研究学者，对青岛的过去及现在有进一步的了解。 ③根据自己的了解，在老师、同学、家长的帮助下制作你心中未来大青岛的发展规划图。		
研究方法	①查阅资料。　②实地考察。 ③调查访问。　④制作画图。		
组长、组员		指导教师	
活动时间	月　日—　月　日		
具体活动安排 ①任务分工。 ②活动步骤，具体任务，所需时间，具体负责人。 ③所需条件。	研究问题	活动过程及时间安排	分工
活动成果呈现形式（可多选）	①研究报告。　②历史故事。 ③照片，幻灯片。　④幻灯片。 ⑤手抄报。　⑥其他：_____。		

◇展一展

（1）可以把实地考察拍摄的录像、照片、采访记录等制成PPT进行展示，主要介绍唐岛湾的历史与传说。展示结束后，其他小组成员进行评价。

（2）可以把搜集的资料制成PPT进行展示，主要介绍唐岛湾的现在发展情况及特色。展示结束后，其他小组成员进行评价。

（3）可以用历史故事的形式介绍唐岛湾当年的战争。展示结束后，其他小组成员进行评价。

（4）可以用手抄报的形式，对唐岛湾的未来规划进行展示。展示结束后，其他小组成员进行评价。

（5）可以用研究报告的形式，进行这次研究的总结。展示结束后，其他小组成员进行评价。

（6）可以把搜集的资料装订成册，向同学们进行介绍。展示结束后，其他小组成员进行评价。

汇报文稿粘贴处

对唐岛湾历史的研究，使我们更加珍惜今天生活的来之不易。在活动中，我们收获了很多，大家学会了团结和协作，当然也有不尽人意的地方。针对这次的研究，你有哪些想要表达的？

我的收获

学到的	
令我印象最深的	
遗憾的	
需要改进的	

◇研一研

1.搜集资料。

（1）唐岛湾历史与传说研究小组。搜集有关唐岛湾的资料，拜访青岛大学学者。

（2）唐岛湾现代发展研究小组。搜集有关唐岛湾目前发展状况的资料，参观青岛市博物馆。

（3）唐岛湾未来规划研究小组。拜访青岛市规划局、建设局，每个小组的成员根据自己所分配的问题，搜集大量资料，来解决计划表中需要研究的问题。

2.实地参观、采访。

（1）联系青岛市规划局、建设局、博物馆、青岛大学领导，学校发函请求予以支持和帮助。

（2）小组成员实地参观，采访相关人员，获取了许多网络上查阅不到的珍贵资料。

（3）对本次活动获取的信息资料进行整理汇总。

3.邀请科研人员做培训。

邀请青岛历史研究学者来我校，对其余没有参观的学生进行培训讲解。针对唐岛湾的历史、现状、未来发展及战略意义等做相应的主题培训，学生们认真做笔记、录音，留下资料。

我的研学记录

_____

_____

_____

_____

自我评价 ·································○

《唐岛湾的硝烟》研究评价表

研究小组：   填表日期：

评价项目	评价内容	自评	他评
课题	积极参与课题研究，做好自己的任务，同时能积极配合小组其他成员		
实际行动	能对所研究的成果进行宣传，让更多的人去了解现在的唐岛湾，了解它对于青岛发展的意义		

第5课
"蛟龙"之威

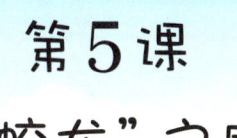

学习目标 ....○

1.通过思维导图和问题卡片这两种方式对"蛟龙"入海这一主题提出有价值的问题，制订计划表。

2.了解"蛟龙"号潜水器的主要功能、重大贡献及应用情况；了解我国的深潜技术；了解世界深海探测技术的发展历程及发展趋势。

3.通过社会实践等活动进一步对"蛟龙"号的构造和重大意义进行研究。

4.通过动手制作等技能指导，让学生完善研究成果手册，进一步感受深海探测的重要意义及作用所在，感受我国海洋科技的不断进步。

5.通过对所研究的成果进行宣传，让更多的人去了解"蛟龙"号，了解深潜技术。激发学生对祖国深海探测技术的研究激情，培养学生探索海底奥秘的热情。

◇查一查

我们生活在大海边，享受着大海带给我们的快乐。但是，你们有没有想过，海底的深处是怎样的？我们如何探索奇妙的海底世界？

查找"蛟龙"号潜水器五千米海试成功的新闻报道视频和资料，并仔细观看。

◇谈一谈

观看视频后的感想

海底是一片广阔而神秘的世界，人类的深海技术在海洋的探索与研究领域起着重要作用。

 研究实施 ....○

◇画一画

"蛟龙"号载人潜水器是我国在深潜技术方面的一项重要研究成果，是我国首台自主设计、自主集成研制的作业型深海载人潜水器，也是目前世界上下潜能力最强的作业型载人潜水器。"蛟龙"号对于我国开发利用深海资源有着重要的意义。那围绕着"蛟龙"号，可以分为哪些研究内容呢？利用思维导图进行梳理。

"蛟龙"号还有哪些值得研究的内容呢？利用思维导图进行梳理。

在中国深潜技术方面有什么值得研究的内容呢？利用思维导图进行梳理。

世界深潜技术呢？利用思维导图进行梳理。

整体思维导图

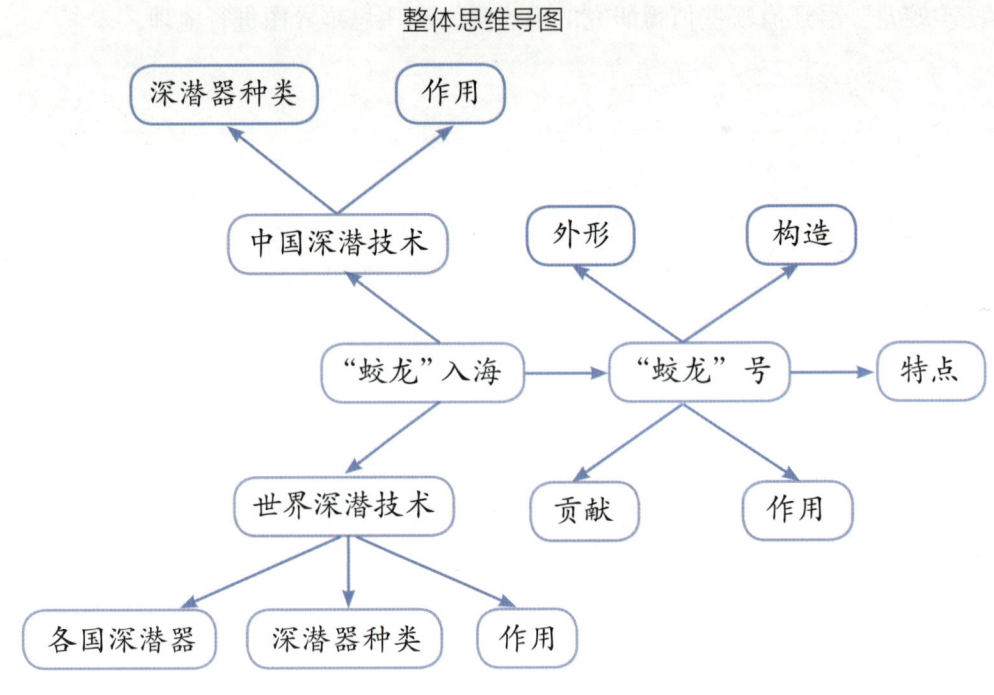

◇**定一定**

各小组根据兴趣选择研究内容，确定小组名称和研究课题。把想要研究的问题写在这张问题卡片上。

问题卡片

讨论交流，小组研究方向是：_____

◇猜一猜

"蛟龙"号在海底要进行哪些工作？它在深海发现了什么？

"蛟龙"号下潜的深度代表了什么？

"蛟龙"号的成果有什么重要意义？

小 提 示

（1）海底世界到底什么样，对于我们来说一直是个十分神秘的世界。

（2）从小看过的童话书中就说海底是个"聚宝盆"，为什么这样说，里面有哪些宝贝呢？

（3）中国是继美国、法国、俄罗斯、日本之后世界上第五个掌握大深度载人深潜技术的国家。

◇研一研

1.讨论确定了研究内容后我们应该如何开展研究。

2.共同制订研究计划表。

课题研究计划表

年级　　　班　　　组（队）

课题名称	"蛟龙"之威		
研究目标	①查找所研究问题的相关资料，筛选有价值的资料进行整理，对"蛟龙"号有初步认识。 ②借助身在青岛的便利条件，在科学家的讲解下对"蛟龙"号有进一步的了解。 ③根据自己的了解，在老师、同学、家长的帮助下制作一个"蛟龙"号模型。		
研究方法	①查阅资料。　②实地考察。 ③调查访问。　④动手制作。		
组长、组员		指导教师	
活动时间	月　　日—　月　　日		
具体活动安排 ①任务分工。 ②活动步骤， 　具体任务， 　所需时间， 　具体负责人。 ③所需条件。	研究问题	活动过程及时间安排	分工
活动成果呈现形式（可多选）	①研究报告。　②幻灯片。 ③手抄报。　　④表演。 ⑤宣传手册。　⑥其他：_____。		

◇**展一展**

小提示

"蛟龙"号1组：把实地考察拍摄的录像、照片、采访记录等制成PPT进行展示，主要介绍"蛟龙"号的构造、外形和特点。展示结束后，其他小组成员进行评价。

"蛟龙"号2组：把搜集的资料制作成PPT进行展示，主要介绍"蛟龙"号的贡献和作用。展示结束后，其他小组成员进行评价。

中国深潜技术1组：以小品的形式介绍其他深潜器的构造和作用。展示结束后，其他小组成员进行评价。

中国深潜技术2组：以手抄报的形式进行展示。展示结束后，其他小组成员进行评价。

世界深潜技术1组：以研究报告的形式进行展示。展示结束后，其他小组成员进行评价。

世界深潜技术2组：把搜集的资料装订成册，向同学们进行介绍。展示结束后，其他小组成员进行评价。

汇报文稿粘贴处

◇**写一写**

对"蛟龙"号的研究，使我们感受到作为一个中国人是那么自豪，一股爱国热情涌上心头。在活动中，我们虽然收获颇多，但也遇到了不少困难，也遇到了让我们困惑的事情，来写一写吧。

感悟与心得

我的感悟	
令我印象最深的场面	
遗憾之处	

◇研一研

1.搜集资料。

（1）第一、二小组：蛟龙号研究小组。搜集有关蛟龙号的资料。

（2）第三、四小组：中国深潜技术小组。搜集有关中国深潜技术的资料。

（3）第五、六小组：世界深潜技术小组。搜集有关世界深潜技术的资料。

每个小组的成员根据自己所分配的问题，通过各种途径搜集了大量资料，来解决计划表中需要研究的问题。

2.实地参观、采访。

（1）联系深海管理中心的领导，学校发函请求予以支持和帮助。

（2）"蛟龙"号小组部分成员参观深海管理中心，采访科研人员，获取了许多网络上查阅不到的珍贵资料。

（3）对本次活动获取的信息资料进行整理汇总。

3.邀请科研人员做培训。

邀请"蛟龙"号科研人员来我校对其余没有参观的学生进行培训讲解。科研人员针对"蛟龙"号的内部构造、技术含量、对人类的贡献等做相关的培训，对中国的深潜技术做简单的讲解。学生们认真做笔记、录音，留下资料。

我的研学记录

_____

_____

_____

 自我评价 ⋯⋯⋯⋯⋯⋯⋯⋯⋯⋯⋯⋯⋯⋯⋯⋯⋯⋯⋯⋯ ○

《"蛟龙"之威》研究评价表

研究小组：   填表日期：

评价项目	评价内容	自评	他评
准备	积极参与课题研究，通过思维导图和问题卡片这两种形式对"蛟龙"号入海这一主题提出有价值的问题		
课题	能通过社会实践等活动进一步对"蛟龙"号的构造和重大意义进行研究		
实际行动	能对所研究的成果进行宣传，让更多的人去了解"蛟龙"号，了解深潜技术		

第6课
红树林湿地——潮水与淤泥间的"天堂"

学习目标 ....

1.通过观看微课对红树林湿地提出有价值的问题，制订活动计划表。

2.通过搜集资料，了解红树林具有许多与陆地植物不同的生理特征。

3.通过小组合作研究及走进高校等社会实践活动，揭开红树林生态系统适宜动植物生长的秘密。

4.通过对研究成果的宣传，让更多人了解红树林生态系统，知道红树林在保护环境中的重要作用，树立保护海洋生态环境的意识。

◇看一看

我们生活在大海边，谁来说说你在青岛看到的海边景象是什么样的？（沙滩、滩涂、礁石滩、砾石滩）

那大家有没有见过这样的海滩呢？请从网上找一段红树林宣传视频，看一看。

◇**想一想**

这是一片美丽而又神奇的海上森林。我们平时见到的森林都是生长在陆地上的，森林里有各种各样的树木、各种各样的动物，那对于这样的海上森林你有什么疑问？想了解些什么呢？可将你的问题写在下面的大树中。

小 提 示

（1）在红树林生长区域方面可以研究哪些内容？

（2）红树林中的树种特点和种类有哪些？

（3）红树林中的动物有哪些特点和种类？

（4）湿地有什么特点？

利用思维导图，我们从生长区域、植物、动物、湿地特点等方面进行梳理。

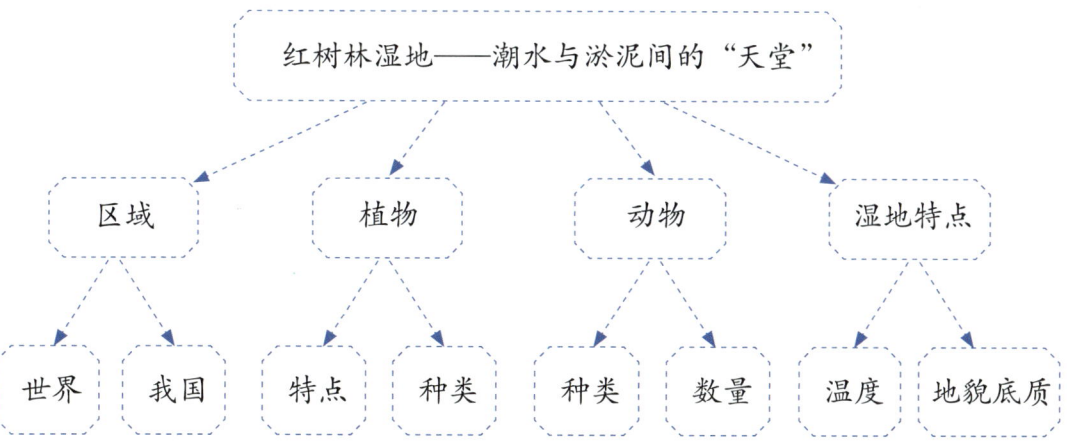

🐚 **老师的话**

同学们提出的问题都很有研究价值，那我们该如何针对自己感兴趣的问题开展研究呢？老师以"红树林生活区域"为例，给大家提出一点探究活动的建议。大家有更好的研究方案也可以按照自己的方案实施。

研究实施 ·······················○

潮水与淤泥间的"天堂"指的是什么区域？

◇**猜一猜**

（1）红树林的生长区域与＿＿＿＿＿＿有关。

北方的海滩冬季温度较低，没有发现这样的森林。猜想它的生长区域与什么有关？

（2）红树林的生长区域一定是在＿＿＿＿＿＿海滩。

红树林里有各种动植物，因此一定生活在什么海滩？

◇**研一研**

1. 交流确定了研究内容后我们应该如何开展研究。

2. 共同制订研究计划表。

课题研究计划表

年级　　班　　　组（队）

课题名称	红树林湿地——潮水与淤泥间的"天堂"		
研究目标	①查找所研究问题的相关资料，筛选有价值的资料进行整理，对红树林有初步认识。 ②借助身在青岛的便利条件，走进中国海洋大学向专家请教，进一步了解红树林。 ③根据自己的了解，在老师、同学、家长的帮助下制作红树林动植物宣传卡，向更多的人宣传，倡导人们都来保护红树林生态系统。		
研究方法	①查阅资料。　　②调查访问。 ③听讲座或报告。　④动手制作。 ⑤角色体验		
组长、组员		指导教师	
活动时间	月　　日— 　月　　日		
具体活动安排 ①任务分工。 ②活动步骤， 　具体任务， 　所需时间， 　具体负责人。 ③所需条件。	研究问题	活动过程及时间安排	分工
活动成果 呈现形式 （可多选）	①研究报告　②幻灯片 ③手抄报　　④表演 ⑤宣传手册　⑥其他：_____。		

制订好研究方案后，指导教师与同学共同交流，提出修改建议。

◇展一展

> 　　"生长区域"组找到世界地图和中国地图，根据查找的资料在上面进行圈注标画。小组共同分析研究得出研究结论，制作成PPT向其他小组汇报展示。
>
> 　　"植物"组查找相关红树林植物种类和特点的资料图片，完成表格，向其他小组展示汇报。
>
> 　　"动物"组查找关于红树林常见动物种类和数量的资料，以知识竞答的形式向其他小组展示汇报。

特点	我的了解（记录关键词）
（繁殖？） 特点一： （　　）	红树植物的种子在离开母体的时候，就已发育成（　　），（　　）发育到一定程度脱离母树，掉落到海滩的（　　）中，扎根生长。
（为什么不怕海水？） 特点二： （　　）	红树植物可以排出多余（　　）的腺体，而且叶片光亮，有利于阳光反射从而减少（　　）的蒸发。
（根系？作用？） 特点三： （　　）	红树植物的根系密集而发达，主要分为（　　）根和（　　）根，（　　）根斜插入淤泥中，增加了红树植物的支撑力；（　　）根可以帮助红树植物吸收氧气。

为什么说红树林湿地是
潮水与淤泥间的"天堂"？

拓展活动 · ○

制作红树林动植物宣传名片

邮政编码：

制作红树林创意画

第7课
探索青岛航海第一人

学习目标

1. 知道青岛著名的航海探险者——郭川，了解他的航海探险历程及其对祖国的贡献。

2. 感受人类探索海洋奥秘所付出的艰辛。

3. 培养情系海洋的情感。

◇问一问

同学们，大家认识照片上的人吗？

　　郭川，男，1965年1月出生于山东省青岛市，毕业于北京航空航天大学，在北京大学取得MBA学位，曾参与国际商业卫星的发射，后为职业竞技帆船手。作为"中国职业帆船第一人"，郭川在国际知名帆船赛事中获得诸多"第一"，如"第一位完成沃尔沃环球帆船赛的亚洲人""第一位单人帆船跨越英吉利海峡的中国人"等。

2012年11月18日，郭川开启单人不间断帆船环球航行之旅，经历了海上近138天、超过21600海里的艰苦航行，于2013年4月5日上午8时左右驾驶"青岛"号帆船荣归母港青岛，成为第一个成功进行单人不间断帆船环球航行伟业的中国人，同时创造了国际帆联认可的40英尺级帆船单人不间断环球航行世界纪录。北京时间2016年10月25日15时，"中国职业帆船第一人"郭川在夏威夷附近海域失联。

> 对于郭川的运动生涯，你有什么疑问或者想研究的方向吗？

研究实施

◇查一查，写一写

郭川是青岛的骄傲，是中国的骄傲。请同学们用思维导图的形式记录他的成就。

◇读一读、画一画

在郭川的运动生涯中，2012年的单人不间断帆船环球航行让郭川成为真正的航海家。他不但成了完成单人不间断帆船环球航行伟业的首位中国人，同时也创造了国际帆联认可的40英尺级帆船单人不间断环球航行世界纪录。

郭川这次进行不间断环球航行的路线是怎样的，同学们可以用时间轴的形式或者用航海图的形式画下来，记录下郭川的壮举。

◇**贴一贴，比一比**

请同学们将郭川2012年的单人不间断帆船环球航行出发前和抵达后的照片进行对比。

◇**做一做，尝一尝**

郭川130多天的航行基本都是以冷冻脱水食物为"主食"，冷冻脱水食物到底是什么味道呢？让我们一起来尝一尝吧。

◇**试一试，做一做**

郭川的饮用水全部来自海水净化装置。

海水中的泥沙可以过滤去除，对于可溶性的物质如氯化钠，则需要用蒸馏法才能除掉，但这种方法成本高，已逐渐被海水淡化膜替代。海水淡化膜只能让水分子通过，其他的都被截留，类似于渗透。

◇**查一查，说一说**

苏轼曾在《晁错论》说："古之立大事者，不唯有超世之才，亦必有坚韧不拔之志。"

在惊涛骇浪的大海间劈波斩浪，在变幻莫测的自然环境中闯过一道道未知的难关险隘……帆船航海到底有多危险？若非身临其境者永不能感受一二。

失联事件

◇写一写

> 2015年，郭川曾写道："在我看来，人生不应是一条由窄变宽、由急变缓的河流，更应该像一条在崇山峻岭间奔腾的小溪，时而近乎枯竭，时而一泻千里，总之你不会知道在下一个弯口会出现怎样的景致和故事，人生本该立体而多彩。"
>
> 勇气与执着，坚忍与担当，是郭川用生命锻造的勋章。

写一下郭川精神。

拓展活动 ································○

阅读《一个男人的海洋——中国船长郭川的航海故事》。

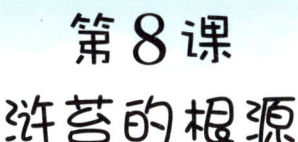

第8课
浒苔的根源

1.在老师和专业人士的指导下，通过实验了解浒苔的形态特征及其所在区域的水质成分，对科学实验初步了解，培养基本的科学实验态度与技能。

2.能用流畅和简练的语言，与小组成员共同合作交流探究的过程以及取得的成果，提高自己的表达与合作力；同时，能合理地反思，给自己与他人正确的评价。

3.知道科研界对浒苔根源的研究前沿及浒苔的危害与价值，形成对海洋污染及海洋环境保护的进一步了解，从而形成保护海洋的意识。

◇读一读

> **青岛的"大草原"**
>
> 　　自2008年起，青岛很多的海滩及近海区域都会变成一片片的"草原"（呈现浒苔的照片），远远看去场面十分壮观。真的是青岛具有魔法，能把海滩变成"草原"吗？答案当然是否定的。那这是怎么回事呢？原来这一大片一大片的是浒苔。

新闻链接

2014年6月23日，浒苔再次全面入侵山东青岛沿海海域，这也是浒苔自2008年以来第七次入侵青岛海岸。据了解，为了应对浒苔入侵，青岛市浒苔指挥部启动浒苔灾害级应急响应，90艘渔船随时待命，组成应急打捞船队，110艘渔船作为应急打捞预备队。

◇问一问

同学们读完上面的材料肯定会有不同的问题提出来，请在下面的贝壳里写出你的问题。

问题可以用"是什么""为什么""怎么样"来提问。

研究实施

浒苔产生的
根源是什么?

◇**猜一猜**

我的猜想:

我猜想浒苔的产生与环境污染及特定的时间、温度等有关。

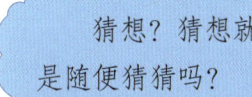

猜想? 猜想就
是随便猜猜吗?

猜想的理由:

材料中提到自2008年开始浒苔每年都会入侵青岛,近年来海洋污染越来越严重;同时,浒苔不是一年四季都有,而是在特定的某段时间,因而可以猜想浒苔产生时,海洋的温度、湿度、水质是否有变化。

之前在书上还读过海洋污染对海洋生物的影响,因此猜想浒苔的产生是否也是因污染造成的。

猜想可不是瞎猜:
· 可以根据生活常识进行猜想。
· 可以依据读过的报纸杂志等资料猜想。
· 可以依据曾经做过的实验、活动等猜想。
······

◇研一研

> 　　与同伴们交流自己提出的问题，看看是否有志同道合的研究者，组成小组共同探讨。如果没有合作伙伴可以邀请老师、家长或者他人一起研究。

我们研究的共同问题：

小组成员

指导教师

🐚 **老师的话**

　　同学们，大家能够对自己感兴趣的问题去研究，老师为你们点赞。在这里老师以"浒苔的根源是什么"为例，给大家提供一些研究实践活动的建议，大家可以按照自己的研究课题去探究。

制订方案

研究课题	浒苔的根源是什么	研究时间	10周
研究目标	①问一问：通过询问身边的老师、同学和家人等，浒苔的根源是什么。 ②查一查：通过查找浒苔的形态特征及产生原因，激发对海洋的兴趣和热爱。 ③动一动：在大人陪同下，亲自到海边实地观察浒苔的形态及周边海滩的环境特征，提高自己的观察力、动手操作能力与实践能力。 ④画一画：将自己了解及观察到的浒苔形态，用自己喜欢的方式画下来。 ⑤在国家实验室和场馆专业人士的指导下，通过实验了解浒苔的形态特征及其所在区域的水质成分，对科学实验初步了解，培养基本的科学实验态度与技能。 ⑥从报告和讲座中知道科研界对浒苔根源的研究前沿及浒苔的危害与价值，形成对海洋污染及海洋环境保护的进一步了解。 ⑦能用流畅和简练的语言，与小组成员共同合作交流探究的过程以及取得的成果，提高自己的表达与合作力；同时能合理地反思，给自己与他人正确的评价。		
研究方法	①查阅资料。　②亲身体验，实地观察。 ③调查访问。　④听报告和讲座。 ⑤角色体验。　⑥科学实验，数据论证。		
研究步骤	①确定主题，制订计划。　②分配任务，按分工实施。 ③整理资料，制作PPT。　④展示成果，分享交流。		

（续表）

研究课题	浒苔的根源是什么？	研究时间	10周
组员分工	甲		
	乙		
	丙		
	丁		
	戊		
	己		
邀请指导老师			
预期成果			

为了更好地开展研究活动，各组制订好小组研究方案后需要在班里交流一下，再根据大家提出的建议进行修改和完善。

 总结与反思 ·······················○

 **问一问**

通过询问周边的人，了解到的有：

 **查一查**

通过查阅资料，了解的浒苔的根源：

动一动

去到……观察到的：

画一画

将我了解到的浒苔画下来：

我的结论

结论可以这样表达：

关于这个课题，开始我的猜想是……，经过……，我发现（我认识到）……，我得出这样的结论：

绘一绘

拓一拓

　　浒苔只有危害吗？大片大片的浒苔能不能为我们所用呢？思考一下，也可以和其他同学讨论或者查查相关的资料吧！